职业岗位技能规划教材

成本会计实训教程

（第二版）

王鸿雁 主 编
孟会朋 副主编

立信会计出版社
LIXIN ACCOUNTING PUBLISHING HOUSE

图书在版编目(CIP)数据

成本会计实训教程/王鸿雁主编. —2 版. —上海:立信会计出版社,2017.6(2020.8 重印)
高等职业教育"十三五"规划教材立信精品教材
ISBN 978-7-5429-5527-2

Ⅰ.①成… Ⅱ.①王… Ⅲ.①成本会计—高等职业教育—教材 Ⅳ.①F234.2

中国版本图书馆 CIP 数据核字(2017)第 159181 号

策划编辑　　陈　旻
责任编辑　　陈　旻

成本会计实训教程(第二版)
Chengben Kuaiji Shixun Jiaocheng

出版发行	立信会计出版社			
地　址	上海市中山西路 2230 号	邮政编码	200235	
电　话	(021)64411389	传　真	(021)64411325	
网　址	www.lixinph.com	电子邮箱	lixinaph2019@126.com	
网上书店	http://lixin.jd.com		http://lxkjcbs.tmall.com	
经　销	各地新华书店			
印　刷	江苏凤凰数码印务有限公司			
开　本	787 毫米×1092 毫米	1/16		
印　张	14.25			
字　数	338 千字			
版　次	2017 年 6 月第 2 版			
印　次	2020 年 8 月第 2 次			
书　号	ISBN 978-7-5429-5527-2/F			
定　价	35.00 元			

如有印订差错,请与本社联系调换

再版前言

成本会计是会计专业的重要核心课程，学习难度较大。为了使学生能够较快较好地掌握成本会计的理论和产品成本计算的方法，在成本会计教学改革中融入较高比例的实践课程，特意编写这本成本会计实训教材，配合课堂教学使用。

本实训教材的立足点是紧密跟随成本会计的理论，注重培养学生的实际动手能力和操作能力，配合成本会计教材的每一个知识点，进行实训模拟练习。从各种费用分配表的编制，到记账凭证的编制，再到各种成本费用明细账的登记，最后到产品成本的计算，涵盖了工业企业成本核算的主要环节。本教材的内容一共分为三大部分，共10章，第一部分为成本会计实验指导，综合介绍成本会计实训的要求目的和成本会计知识总结；第二部分为成本会计核算的单项模块练习，分别是要素费用的分配核算，辅助生产费用核算和制造费用核算，生产损失的核算，生产费用在完工产品和在产品之间的分配核算；第三部分为成本核算的综合练习，包括计算产品成本的三种基本方法品种法、分批法和分步法实训，以及两种辅助方法定额法和分类法的实训，最后一章是成本报表的编制与分析。

本实训教材非常符合成本会计课程的内容安排，随教学内容可以在课堂上使用，也可以在实训室使用。

本教材由天津滨海职业学院的王鸿雁副教授任主编，由天津滨海职业学院孟会朋老师任副主编。参加教材编写的还有付秀娜、于冬梅、孙一玲、王婧老师。为方便大家使用，在教材后面附有每一个试验的参考答案。参考答案由王鸿雁老师提供。

本次再版对教材中的一些数据错误做了修正。由于作者水平有限，教材中仍难免存在不当和错误之处，欢迎广大师生提出宝贵意见。

编　者

2017年6月

目 录

| 第一章 | 成本会计实训指导 | 1 |

第二章　要素费用的分配核算 ········· 11
　实训一　材料费用分配核算 ········· 11
　实训二　职工薪酬费用分配核算 ········· 14
　实训三　外购动力费用分配核算 ········· 17
　实训四　折旧及其他费用分配核算 ········· 19

第三章　辅助生产费用和制造费用的核算 ········· 21
　实训一　辅助生产费用的归集和分配核算 ········· 21
　实训二　制造费用的归集和分配核算 ········· 29

第四章　生产损失的核算 ········· 32
　实训一　废品损失的核算 ········· 32
　实训二　停工损失的核算 ········· 34

第五章　生产费用在完工产品和在产品之间的分配方法 ········· 36
　实训一　几种简单的分配方法 ········· 36
　实训二　约当产量比例法 ········· 39
　实训三　定额比例法 ········· 43
　实训四　在产品按定额成本计价法 ········· 45

第六章　品种法 ········· 49

第七章　分批法 ········· 70
　实训一　分批法 ········· 70
　实训二　简化的分批法 ········· 80

第八章　分步法 ········· 84
　实训一　逐步结转分步法 ········· 84
　实训二　平行结转分步法 ········· 122

第九章 产品成本计算的辅助方法 ………………………………………… 127
    实训一 定额法 ……………………………………………………… 127
    实训二 分类法 ……………………………………………………… 133

第十章 成本报表编制与分析 ……………………………………………… 145

附录 参考答案 ………………………………………………………………… 149

参考文献 ………………………………………………………………………… 219

第一章 成本会计实训指导

一、成本会计实训的目的和要求

（一）成本会计实训的目的

会计学是一门实用科学，必须严格按照规定的操作流程来处理。会计教学的目的，是培养既精通理论又长于操作的应用型人才。开设会计实训课程，可以有效地把课堂教学和实践结合起来，提高学生动手能力，更快更好地掌握专业知识。

成本会计是会计专业的核心课程。开设成本会计课程，不仅仅要求学生掌握其中的成本核算理论和方法，还要求学生能够针对不同的生产企业的类型、生产的特点和管理的要求，进行成本核算，计算产品成本，编制会计报表并进行成本分析。因此，进行成本会计实训是帮助学生掌握和提高成本核算技能的有效方法。

（二）成本会计实训的要求

（1）严格按照会计实训流程进行操作，审核原始凭证，编制和审核记账凭证，编制各种费用分配表，登记成本明细账。

（2）在实训中，必须遵守企业的成本核算要求，按照要求的方法进行相应的会计处理。

二、成本会计实训的内容和组织

（一）成本会计实训的内容

本实训共分成两大部分，单项实训和综合实训。单项实训包括各项要素费用的分配，辅助生产费用的核算，制造费用的核算，生产费用在完工产品和在产品之间的分配，以及编制和分析成本会计报表，每一个单项实训都包括教学中涉及的主要内容；综合实训包括企业计算产品成本的三种基本方法：品种法、分批法和分步法，还包括两种辅助方法：分类法和定额法。

（二）成本会计实训的组织

这些实训既可以在教学中随教学进度安排随时进行，也可以在课堂教学结束后集中进行；既可以由一个学生进行全部练习，也可以组织学生分组实施。

三、成本会计实训基础知识

（一）工业企业成本核算的一般程序

成本核算的一般程序是指对企业在生产经营过程中发生的各项生产费用和期间费用，按照成本核算的要求，逐步进行归集和分配，最后计算出各种产品的生产成本和各项期间费用的基本过程。

（1）对企业的各项支出、费用进行严格审核和控制，并按照国家统一会计制度确定其应否计入生产费用、期间费用,以及应计入生产费用还是期间费用。

(2)正确处理支出、费用的跨期摊提工作。

(3)将应计入本月产品的各项生产费用,在各种产品之间按照成本项目进行分配和归集,计算出按成本项目反映的各种产品的成本。

(4)对于月末既有完工产品又有在产品的产品,将该种产品的生产费用(月初在产品生产费用与本月生产费用之和)在完工产品与月末在产品之间进行分配,计算出该种产品的完工产品成本和月末在产品成本。

(二)成本核算设置的主要账户

1. "基本生产成本"账户

该账户用来核算企业基本生产车间生产各种产品或提供劳务在生产过程中所发生的各项生产费用,并据以确定产品实际生产成本。基本生产车间生产的是企业对外销售的产品。"基本生产成本"账户的借方登记月份内发生的全部生产费用;贷方登记应结转的完工产品的实际生产成本。月末的借方余额,表示生产过程中尚未完工的在产品实际生产成本。该账户按照车间和产品品种、批次或生产步骤设置明细账,采用多栏式账页格式。

2. "辅助生产成本"账户

该账户用来核算企业辅助生产车间生产各种产品在生产过程中所发生的各项生产费用,并据以确定产品实际生产成本。辅助生产车间主要生产企业自用的模具、工具或提供劳务供其他部门使用。"辅助生产成本"账户的借方登记月份内发生的全部生产费用;贷方登记应结转的完工产品的实际生产成本。月末的借方余额,表示生产过程中尚未完工的在产品实际生产成本。辅助生产车间如果是提供劳务服务的,该账户月末没有余额。该账户按照一般车间设置明细账,采用多栏式账页格式。

3. "制造费用"账户

制造费用包括工业企业在产品生产过程中发生的,除直接材料和直接人工以外的其余一切生产成本。制造费用主要包括企业各个生产单位(车间、分厂)为组织和管理生产所发生的一切费用(行政管理部门和固定资产所发生的固定资产维修费列入"管理费用")。具体有以下项目:各个生产单位管理人员的工资、职工福利费,房屋建筑费、劳动保护费、季节性生产和修理期间的停工损失等。制造费用一般是间接计入成本,当制造费用发生时一般无法直接判定它所归属的成本计算对象,因而不能直接计入所生产的产品成本中去,而须按费用发生的地点先行归集,月终时再采用一定的方法在各成本计算对象间进行分配,计入各成本计算对象的成本中。"制造费用"账户一般情况下月末没有余额。

(三)要素费用的核算

要素费用主要包括材料费用、职工薪酬费用、外购燃料费用、外购动力费用、折旧费用和修理费用等。当生产单位发生这些费用时,要区别用途进行处理。对于直接用于产品生产、构成产品实体的材料、燃料和动力,一般分产品领用,应根据领退料凭证直接计入相应产品成本的"直接材料"或"燃料动力"项目。对于不能分产品领用的,需要采用适当的分配方法,遵循"谁受益,谁负担"的原则,分配计入各相关产品成本的"直接材料"或"燃料动力"成本项目。直接进行产品生产的生产工人的职工薪酬,直接计入产品成本的"直接人工"成本项目,不能直接计入产品成本的职工薪酬,按工时、产品产量等方式进行合理分配,计入各有关产品成本的"直接人工"项目。生产部门的折旧等费用先按照使用部门归集计入制造费用或者辅助生产成本,月末再分配记入相关成本账户。

（四）辅助生产费用的归集和分配

辅助生产费用的归集是通过辅助生产成本总账及明细账进行的。一般按车间及产品和劳务设立明细账。辅助生产的分配应通过辅助生产费用分配表进行。辅助生产费用的分配方法很多,通常采用直接分配法、交互分配法、计划成本分配法、顺序分配法和代数分配法等。

（五）制造费用的归集和分配

制造费用包括机物料消耗、车间管理人员的薪酬,车间管理用房屋和设备的折旧费、修理费、租赁费和保险费,车间管理用具摊销,车间管理用的照明费、水费、取暖费、劳动保护费、设计制图费、试验检验费、差旅费、办公费以及季节性及修理期间停工损失等。制造费用应通过"制造费用"账户进行归集,月末按照一定的方法从贷方分配转入有关成本计算对象。制造费用应当按照车间分别进行,不应将各车间的制造费用汇总,在企业范围内统一分配。制造费用分配方法很多,通常采用生产工人工时比例法(或生产工时比例法)、生产工人工资比例法(或生产工资比例法)、机器工时比例法和按年度计划分配率分配法等。各产品分配标准如产品生产工时总数或生产工人定额工时总数、生产工人工资总和、机器工时总数、产品计划产量的定额工时总数等。

（六）废品损失和停工损失的核算

1. 废品损失的核算

废品损失是在生产过程中发生的和入库后发现的不可修复废品的生产成本,以及可修复废品的修复费用,扣除回收的废品残料价值和应收赔款以后的损失。经质量检验部门鉴定不需要返修、可以降价出售的不合格品,以及产品入库后由于保管不善等原因而损坏变质的产品和实行"三包"企业在产品出售后发现的废品均不包括在废品损失内。废品损失可单独核算,也可在"基本生产成本"、"原材料"等账户中反映。辅助生产一般不单独核算废品损失。不可修复废品损失的生产成本,可按废品所耗实际费用计算,也可按废品所耗定额费用计算,对于可修复废品,"废品损失"账户只登记返修发生的各种费用,不登记返修前发生的费用,回收的残料价值和应收的赔款,应从"废品损失"账户贷方分别转入"原材料"和"其他应收款"账户的借方。结转后"废品损失"的借方反映的是归集的可修复损失成本,应转入"基本生产成本"账户的借方。

2. 停工损失的核算

停工损失是生产车间或车间内某个班组在停工期间发生的各项费用,包括停工期间发生的原材料费用、人工费用和制造费用等。应由过失单位或保险公司负担的赔款,应从停工损失中扣除。不满1个工作日的停工,一般不计算停工损失。停工损失可单独核算,也可直接反映在"制造费用"和"营业外支出"等账户中。辅助生产一般不单独核算停工损失。对于应计入产品成本的停工损失,如果停工车间只生产一种产品,应将"停工损失"账户归集的费用计入该产品成本明细账的"停工损失"项目,如果停工车间生产多种产品,一般按照制造费用分配方法在各种产品之间进行分配。

（七）生产费用在完工产品和在产品之间的分配

通过对发生的各项费用的归集和分配，基本生产车间在生产过程中发生的各项费用，已经集中反映在"生产成本——基本生产成本"账户及其明细账的借方，并按成本项目予以反映。如果企业或车间月末没有在产品或不计算在产品成本，则这些费用就是完工产品的总成本。如果月末既有完工产品又有在产品，那么应由本月产品负担的费用（包括月初在产品成本加上本月发生的应由本月产品负担的生产费用）就要在本月完工产品和月末在产品之间进行分配，以求得本月完工产品成本。

生产费用在完工产品与在产品之间的分配，在成本计算工作中是一个重要而又比较复杂的问题。企业应当根据产品的生产特点，如月末结存在产品数量的多少，各月月末在产品结存数量变化的大小，月末结存在产品价值的大小，各项费用在成本中所占比重的轻重，以及企业定额管理基础工作的扎实与否等，结合企业的管理要求，选择既合理又简便的分配方法。通常有七种用于分配生产费用的方法，分述如下。

1. 不计算在产品成本法

不计算在产品成本法是指虽然月末有结存在产品，但月末在产品数量很少，价值很低，并且各月份在产品数量比较稳定，从而可对月末在产品成本忽略不计的一种分配方法。为简化产品成本计算工作，根据重要性原则，可以不计算月末在产品成本，本月生产费用全部视为完工产品成本，将本月各产品发生的生产耗费全部由完工产品负担。即本月完工产品成本＝本月生产费用。这种方法的适用条件是月末在产品数量很少，在产品的价值也很低。

2. 在产品按年初数固定计算法

按年初数固定计算在产品成本法，是对各月在产品按年初在产品成本计价的一种方法。这种方法适用于各月月末在产品结存数量较少，或者虽然在产品结存数量较多，但各月月末在产品数量稳定、起伏不大的产品。因为在这种情况下，月初、月末在产品成本的差额很小，对完工产品成本的影响不大，为了简化核算工作，并反映在产品资金的占用情况，各月在产品成本可固定按年初数计算。采用这种方法，由于各月月末在产品可按年初在产品成本计价，这样各月月末在产品成本不变，月初月末在产品成本相等。某种产品当月发生的生产费用就是当月完工产品的成本。即本月完工产品成本＝本月生产费用。

3. 在产品按原材料费用计价法

在产品按原材料费用计价法，是月末在产品只计算所耗的原材料费用，不计算工资及福利费等加工费用，产品的加工费用全部由完工产品负担的一种方法。即完工产品成本＝期初在产品的原材料费用＋本期生产费用－期末在产品所耗原材料费用。这种方法适用于各月在产品数量多，各月在产品数量变化较大，且原材料费用在产品成本中所占比重较大的产品。

4. 约当产量比例法

约当产量比例法，是将月末在产品数量按其完工程度折算为相当于完工产品的数量（即约当产量），然后按完工产品产量与月末在产品约当产量的比例分配计算完工产品费用与月末在产品费用的一种方法。约当产量比例法适用范围较广，特别适用于月末在产品数量较大，各月月末在产品数量变化也较大，产品成本中原材料费用和工资及福利费等加工费用所占的比重相差不多的产品。

5. 在产品按完工产品计算法

在产品按完工产品计算法是将在产品视同完工产品计算、分配生产费用的一种方法。这种分配方法适用于月末在产品已接近完工,或产品已经加工完毕但尚未验收或包装入库的产品。这是因为在这种情况下,在产品已接近完工产品成本,为了简化产品成本计算工作,可将在产品视同完工产品,按两者数量比例分配生产费用。

6. 在产品按定额成本计价法

在产品按定额成本计价法是按照预先制定的定额成本计算月末在产品成本,即月末在产品成本按其数量和单位定额成本计算的一种方法。即完工产品成本＝产品的月初在产品费用＋本月生产费用－月末在产品的定额成本。其余额作为每月生产费用脱离定额的差异,全部由完工产品负担。这种方法适用于定额管理基础较好,各项消耗定额或费用定额比较准确、稳定,而且各月在产品数量变动不大的产品。

7. 定额比例法

定额比例法,是产品的生产费用按完工产品和月末在产品的定额消耗量或定额费用的比例,分配计算完工产品和月末在产品成本的一种方法。其中,原材料费用按原材料费用定额消耗量或原材料定额费用比例分配;工资和福利费、制造费用等各项加工费用,按定额工时或定额费用比例分配。这种方法适用于各项消耗定额或费用定额比较准确、稳定,但各月月末在产品数量变化较大的产品。

(八) 产品成本计算方法

不同的企业,其生产过程有不同的特点,也有不同的成本管理的要求。这些都对成本计算的具体方法造成了影响。也就是说,只有根据企业生产的特点和成本管理的不同要求,选择不同的成本计算方法,才能正确地计算产品成本。不同的成本计算方法的区别主要表现在三个方面:一是成本计算对象不同。二是成本计算期不同。三是生产费用在产成品和在产品之间的分配情况不同。常用的成本计算基本方法主要有品种法、分批法和分步法。辅助方法有分类法和定额法。

1. 品种法

品种法是以产品品种作为成本计算对象来归集生产费用、计算产品成本的一种方法。由于品种法不需要按批计算成本,也不需要按步骤来计算半成品成本,因而,这种成本计算方法比较简单。品种法主要适用于大批量单步骤生产的企业,如发电、采掘等。或者虽属于多步骤生产,但不要求计算半成品成本的小型企业,如水泥、制砖等。品种法一般按月定期计算产品成本,也不需要将生产费用在产成品和在产品之间进行分配。其计算程序为:

(1) 按企业生产的每一种最终产品设置生产成本明细账。

(2) 根据各项耗费的原始凭证和其他有关资料,分配各项要素费用。

(3) 根据各项要素费用分配表及其他有关资料,登记基本生产成本明细账、辅助生产明细账和制造费用明细账等。

(4) 编制辅助生产费用分配表,将辅助生产明细账上归集的生产费用采用适当的方法分配给各个受益对象,并登记有关费用明细账。

(5) 编制制造费用分配表,将制造费用明细账中所归集的全月费用采用适当的方法在各种产品之间进行分配,并登记基本生产成本明细账。

(6) 月末,将基本生产成本明细账上所汇集的全部费用,采用适当的方法在本月完工产品和月末在产品之间进行分配,确定完工产品和月末在产品成本;编制完工产品成本汇总表,计算出各种完工产品的总成本和单位成本。

品种法产品成本计算程序图,如图 1-1 所示。

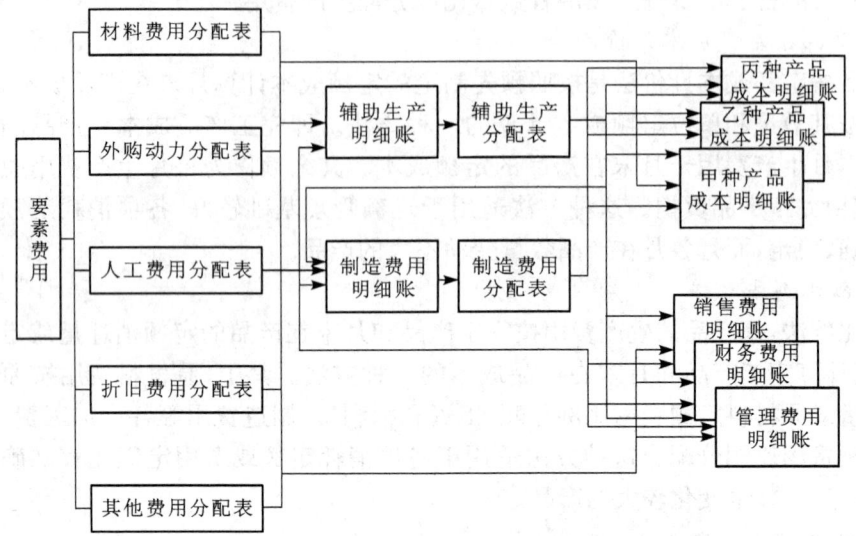

图 1-1　品种法产品成本计算程序图

2. 分批法

分批法又称订单法,是以产品的批次或订单作为成本计算对象来归集生产费用、计算产品成本的一种方法。分批法主要适用于单件小批的单步骤生产和管理上不要求计算半成品成本的多步骤生产,如重型机床、船舶、精密仪器和专用设备等。分批法的成本计算期是不固定的,一般把一个生产周期(即从投产到完工的整个时期)作为成本计算期定期计算产品成本。由于在未完工时没有产成品,完工后又没有在产品,产成品和在产品不会同时并存,因而一般情况下也不需要把生产费用在产成品和在产品之间进行分配。分批法的计算程序为:

(1) 按每批产品设置生产成本明细账。

(2) 按月归集每批产品在生产过程中的全部生产费用。

(3) 产品完工月份,计算完工产品自开工之日至完工之日所发生的全部生产费用,即完工产品成本。

月末加计完工批别成本明细账中所归集的生产费用,计算完工产品的实际总成本和单位成本;月末各批未完工产品成本明细账内归集的生产费用即为月末在产品成本;如月末有部分产品完工、部分未完工的,要采用适当方法在完工产品与在产品之间分配费用。由于分批法下,批内跨月陆续完工的情况不多,因而,在有陆续跨月完工情况下,月末计算完工产品成本时,可采用计划成本、定额成本或最近时期相同产品的实际成本对完工产品进行计价的简易方法计算,然后将其从基本生产成本明细账中转出,余下的即为在产品成本。等到全部产品完工时,再计算该批全部产品实际的总成本和单位成本。

分批法产品成本计算程序图,如图 1-2 所示。

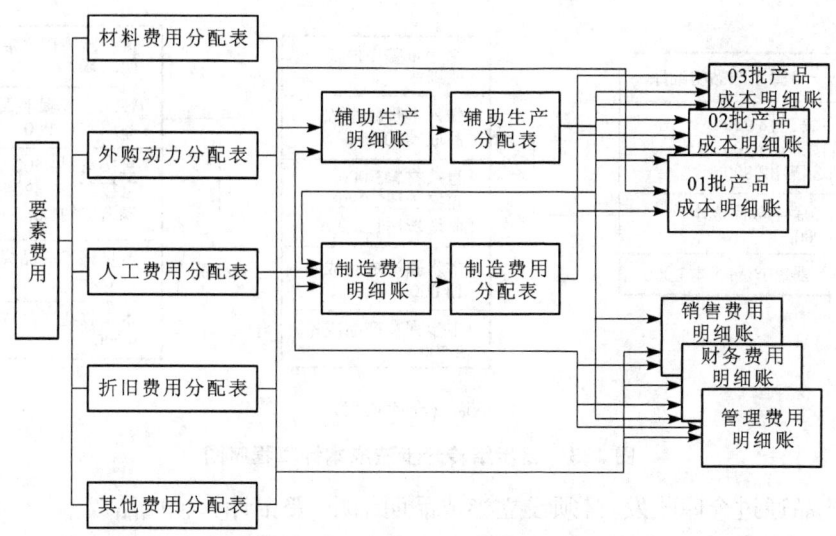

图 1-2 分批法产品成本计算程序图

3. 分步法

分步法是按产品的生产步骤归集生产费用、计算产品成本的一种方法。分步法适用于大量或大批的多步骤生产，如机械、纺织、造纸等。分步法由于生产的数量大，在某一时间上往往既有已完工的产成品，又有未完工的在产品和半成品，不可能等全部产品完工后再计算成本。因而分步法一般是按月定期计算成本，并且要把生产费用在产成品和在产品之间进行分配。根据企业对半成品计算的要求不同，分步法又分成逐步结转分步法和平行结转分步法两种。

逐步结转分步法是指按产品的加工步骤的先后顺序，逐步计算并结转半成品的成本，前一步骤的半成品成本，随着半成品实物的转移而结转到后一生产步骤的产品成本中，直到最后步骤累计计算出产成品成本的一种计算方法。逐步结转分步法通常适用于连续加工式多步骤生产的产品计算。装配式多步骤生产一般不宜采用逐步结转分步法计算成本。逐步结转分步法的特点为半成品的成本要随着半成品的实物转移而结转。在逐步结转分步法下，当某一步骤半成品完工，实物转入半成品仓库或直接转入下一步骤加工时，其成本也随之转入"自制半成品明细账"或下一步骤"基本生产明细账"。各步骤"基本生产明细账"归集的费用，包括本步骤自身发生的费用和上一步骤完工的半成品成本。只就某一步骤的成本计算方法而言，其实就是品种法，逐步结转分步法实际上就是品种法的多次连续应用。逐步结转分步法下的在产品是狭义的在产品，不包括各步骤已完工的半成品，只包括在各个步骤加工中的在产品。逐步结转分步法的计算程序有两种。

1) 半成品不通过仓库收发，不需要设立半成品明细账，其成本全部转入下一步骤

在这种情况下，逐步结转分步法的产品成本计算程序是：首先计算第一步骤半成品成本，然后随半成品实物转移，将其成本转入第二步骤产品成本明细账，再加上第二步骤所发生的费用，计算第二步骤半成品成本，依次逐步累计结转，直到最后步骤计算出产成品成本为止。

逐步结转分步法成本计算程序图，如图 1-3 所示。

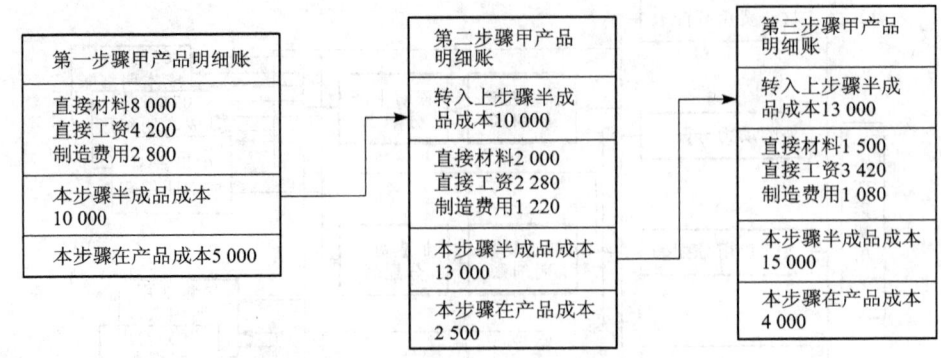

(不通过仓库收发)

图 1-3　逐步结转分步法成本计算程序图

2)半成品通过仓库收发,必须设立半成品明细账,登记计算半成品成本

在这种情况下,成本核算的基本步骤与上述半成品不通过仓库收发基本相同,唯一差别是:在各步骤设立"自制半成品明细账"核算各步骤半成品的收、发、存情况。

逐步结转分步法成本计算程序图,如图 1-4 所示。

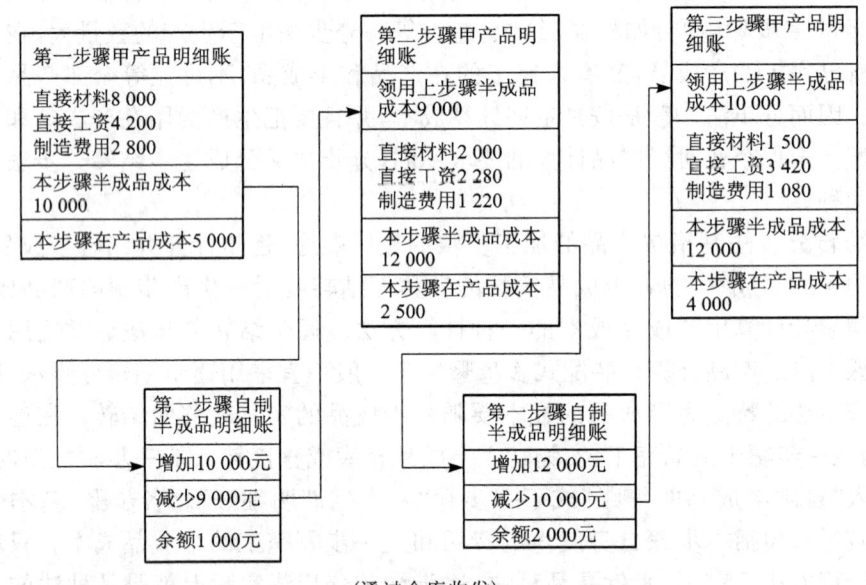

(通过仓库收发)

图 1-4　逐步结转分步法成本计算程序图

从以上所述可以看出,逐步结转分步法实际上就是品种法的多次连续应用。即在采用品种法计算上一步骤的半成品成本以后,按照下一步骤的耗用数量转入下一步骤成本;下一步骤再一次采用品种法归集所耗半成品的费用和本步骤其他费用,计算其半成品成本;如此逐步结转,直至最后一个步骤算出产成品成本。

4. 分类法

分类法是按照产品类别归集生产费用,在计算出各类产品成本的基础上,再按一定标准在类别内部各种产品之间分配费用的成本计算方法。其特点是以产品的类别作为成本计算对象,归集各类产品的生产费用。归集时,直接费用直接计入,间接费用采用一定的分配标准分配计入;成本计算期决定于生产特点及管理要求。如果是大批量生产,结合品种法或分步法进行成本计算,则应定期在月末进行成本计算;如果与分批法结合运用,成本计算期可不固定,而与生产周期一致。所以,分类法并不是一种独立的基本成本计算方法;月末一般要将各类产品生产费用总额在完工产品和月末在产品之间进行分配。合理划分产品类别,选择适当的类内成本分配标准,是影响分类法成本计算的关键。分类法成本计算程序为:

(1) 合理确定产品类别。

(2) 按产品类别设立生产成本明细账。

(3) 归集各类产品的生产费用,将生产费用在各类完工产品与该类月末在产品之间进行分配,计算出各类完工产品成本。

(4) 采用适当的方法将各类完工产品成本在该类各种不同规格的产品中进行分配(同类产品的生产成本分配标准有定额消耗量、售价、产品的体积和重量等)。

分类法成本计算程序图,如图1-5所示。

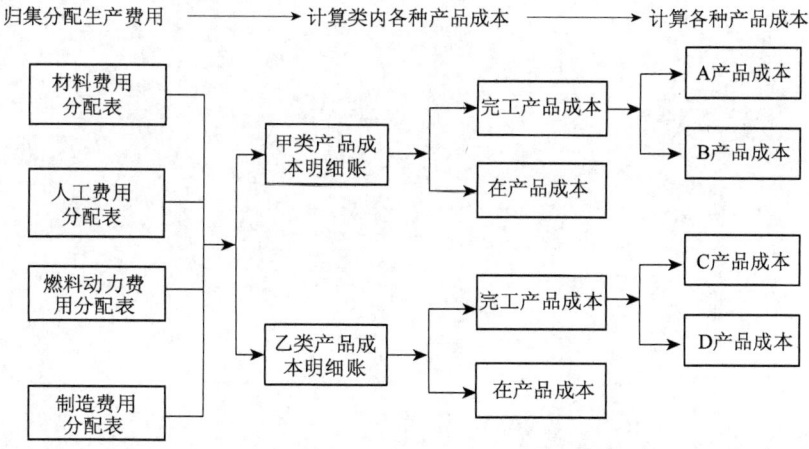

图1-5 分类法成本计算程序图

5. 定额法

定额法是为了反映产品实际成本脱离定额成本的差异,配合企业加强定额管理和进行成本控制所采用的一种成本计算方法。基本原理是:在实际费用发生时,将其划分为定额成本与脱离定额成本差异两部分来归集,并分析产生差异的原因,及时反馈到管理部门,月终以产品定额成本为基础,加减所归集和分配的差异,以此求得产品实际成本。产品实际成本的计算公式:

产品实际成本=产品定额成本±脱离定额成本差异±材料成本差异
±月初在产品定额变动差异

定额法计算产品成本的程序如下:

(1) 按照企业生产工艺特点和管理要求,确定成本计算对象及成本计算的基本方法。

(2) 根据有关定额标准,计算各成本项目的定额费用,编制产品定额成本计算表。

(3) 生产费用发生时,将实际费用分为定额成本和脱离定额成本差异两部分,分别编制凭证加以汇总。

(4) 按确定的成本计算基本方法,汇集、结转各项费用的脱离定额成本差异,并按一定标准在完工产品与在产品之间进行分配。

(5) 将产品定额成本加减所分得的差异,求得产品实际成本。

(九) 成本报表的编制与分析

成本报表是根据日常成本核算资料及其他有关资料编制的,反映企业一定时期内产品成本水平和费用支出情况,据以分析企业成本计划执行情况和结果的报告文件。成本报表属于内部报表,主要是为满足企业内部经营管理的需要而编制的,不对外公开。

成本报表分析是为了满足企业各个管理层次了解成本状况及进行经营决策的需要,以成本核算资料为基础,结合其他有关的核算、计划和统计资料,采用一定的方法解剖成本变动的原因、经营管理问题及业绩的管理活动。

第二章 要素费用的分配核算

实训一 材料费用分配核算

实训目的 检验学生是否掌握了领料凭证的汇总方法,是否能顺利编制发出材料汇总表;根据领料凭证和汇总表分配材料费用,编制材料费用分配表;编制会计分录。

实训重点和难点 共用材料分配方法的应用。

一、实训资料

东方公司20××年1月份的领料单如下:

1)

表 2-1

领 料 单

领料部门:基本生产车间　　　开票日期20××年1月3日　　　NO:00001

材料编号	材料名称	规格	单位	请领数量	实发数量	计划单价	计划总金额
1001	A		千克	30	30	100	3 000
用途	甲产品	发料部门			领料部门		
		核准人	发料人		负责人	领料人	
		王兴	王一清		李梅	赵月	

第二联 交会计

2)

表 2-2

领 料 单

领料部门:基本生产车间　　　开票日期20××年1月3日　　　NO:00002

材料编号	材料名称	规格	单位	请领数量	实发数量	计划单价	计划总金额
1001	B		千克	10	10	400	4 000
用途	乙产品	发料部门			领料部门		
		核准人	发料人		负责人	领料人	
		王兴	王一清		李梅	赵月	

第二联 交会计

3)

表 2-3

领 料 单

领料部门:基本生产车间　　　开票日期20××年1月3日　　　NO:00003

材料编号	材料名称	规格	单位	请领数量	实发数量	计划单价	计划总金额
1002	C		千克	400	400	200	80 000
用途	甲、乙产品	发料部门			领料部门		
		核准人	发料人		负责人	领料人	
		王兴	王一清		李梅	赵月	

第二联 交会计

4)

表 2-4 领　料　单

领料部门：运输车间　　　　　　开票日期 20××年 1 月 5 日　　　　　　NO：00004

材料编号	材料名称	规格	单位	请领数量	实发数量	计划单价	计划总金额
1003	汽油	93#	吨	0.1	0.1	6 800	680
用途	运送货物	发料部门				领料部门	
		核准人	发料人		负责人	领料人	
		王兴	王一清		王田	赵敏	

第二联　交会计

5)

表 2-5 领　料　单

领料部门：运输车间　　　　　　开票日期 20××年 1 月 10 日　　　　　NO：00005

材料编号	材料名称	规格	单位	请领数量	实发数量	计划单价	计划总金额
1004	手套		双	20	20	10	200
用途	劳动保护	发料部门				领料部门	
		核准人	发料人		负责人	领料人	
		王兴	张云		王田	赵敏	

第二联　交会计

6)

表 2-6 领　料　单

领料部门：基本生产车间　　　　开票日期 20××年 1 月 10 日　　　　　NO：00006

材料编号	材料名称	规格	单位	请领数量	实发数量	计划单价	计划总金额
1004	手套		双	50	50	10	500
用途	劳动保护	发料部门				领料部门	
		核准人	发料人		负责人	领料人	
		王兴	张云		李梅	赵月	

第二联　交会计

7)

表 2-7 领　料　单

领料部门：管理部门　　　　　　开票日期 20××年 1 月 11 日　　　　　NO：00007

材料编号	材料名称	规格	单位	请领数量	实发数量	计划单价	计划总金额
1005	文件柜		个	2	2	500	1 000
用途	劳动保护	发料部门				领料部门	
		核准人	发料人		负责人	领料人	
		王兴	张云		李梅	赵月	

第二联　交会计

二、实训要求

（1）编制领用材料汇总表。

（2）编制材料费用分配表。甲、乙产品共用的 C 材料费用，要求按照定额消耗量的比例进行分配。本月投产甲产品 100 件，乙产品 200 件。单件甲产品消耗 C 材料的定额为 1 千克，单件乙产品消耗 C 材料的定额为 2 千克。

（3）编制材料分配的会计分录。

三、实训结果

1. 编制领用材料汇总表

表 2-8　　　　　　　　　　发出材料汇总表
20××年1月　　　　　　　　　　　　　　　　　单位:元

材料名称	单位	计划价格	数量	基本生产产品用		辅助生产业务用	基本生产车间用	辅助生产车间用	管理部门用	合计
				甲	乙					
A	千克									
B	千克									
C	千克									
汽油	吨									
手套	双									
文件柜	个									
合计										

实训提示：首先根据各领料单中的材料名称，决定填在哪一行，然后看该种材料的用途再决定填在哪一列。

2. 编制材料费用分配表

表 2-9　　　　　　　　　　材料费用分配表
20××年1月　　　　　　　　　　　　　　　　　单位:元

应借账户			直接计入	分配计入			合计
总账账户	明细账户	成本费用项目		定额消耗量(千克)	分配率	分配金额	
基本生产成本	甲	原材料					
	乙	原材料					
	小　计						
辅助生产成本	运输车间	原材料					
	小　计						
制造费用	基本生产	低值易耗品					
	辅助生产	低值易耗品					
	小　计						
管理费用	管理部门	低值易耗品					
合　计							

实训提示：（1）根据"谁受益，谁负担"的分配原则，进行材料费用的分配。

（2）如果材料费用的发生只有一个受益对象，则该项费用直接计入该受益对象的成本，如果材料费用的发生有两个以上的受益对象，即费用是共用的，则该项费用应该分配计入受益对象的成本。

（3）本公司本月发生的C材料费用，就属于甲、乙产品共用的，应按照要求按照定额消耗量的比例进行分配，在计算定额耗用量时，一定要注意本月甲、乙产品投产的数量。

（4）要注意手套和文件柜属于周转材料的核算范围。

3. 编制会计分录

实训二　职工薪酬费用分配核算

实训目的　检验学生是否掌握了人工费用的核算方法，是否能通过工资汇总表或工资结算单编制人工费用分配表；是否能够以工资为基数准确提取各种费用，编制会计分录。

实训重点和难点　主要是共用工资费用分配方法的应用和会计分录的编制。

实训资料

一、工时和工资费用

（1）东方公司实行的是计时工资制度，按照职工缺勤的原因进行扣款。

（2）本月生产甲、乙产品的生产工时分别为2 000小时和3 000小时。

（3）东方公司本月职工的工资汇总表。

表2-10　　　　　　　　　　　职工工资汇总表

20××年1月　　　　　　　　　　　　　　　　　　　　　　单位：元

部门	人员类别	基本工资	岗位津贴	浮动奖金	交通/通讯等补助	病假天数	病假扣款每天10元	事假天数	事假扣款每天50元	迟到/旷工等扣减	工资奖金津贴合计
基本生产车间	生产工人	15 280.00	1 200.00	100.00	1 000.00	10	100.00	2	100.00		16 280.00
	管理人员	3 000.00	2 800.00	200.00	1 200.00						7 200.00
辅助生产车间	生产工人	5 000.00	1 000.00	150.00	200.00						6 350.00
	管理人员	2 000.00	500.00	284.00	268.00						3 052.00
厂部	管理人员	3 452.00	290.00	128.00	195.00						4 065.00
合计		28 732.00	5 790.00	862.00	2 863.00		100.00		100.00		36 947.00

（4）根据本月职工工资，按照国家规定的比例提取企业应该为职工支付的各项费用。

表 2-11

提取各项费用汇总表

20××年1月　　　　　　　　　　　　　　　　　　　　　　　　　　　　　　单位：元

部门	职员姓名	工资奖金津贴合计	医疗保险（单位8%）	养老保险（单位12%）	失业保险（单位2%）	工伤保险（单位1%）	生育保险（单位1%）	住房公积金（单位3.5%）	工会经费（2%）	教育经费（2.5%）	福利费用（14%）	职工薪资总额
基本生产车间	生产工人	16 280.00	1 302.40	1 953.60	325.60	162.80	162.80	569.80	325.60	407.00	2 279.20	23 768.80
辅助生产车间	管理人员	7 200.00	576.00	864.00	144.00	72.00	72.00	252.00	144.00	180.00	1 008.00	10 512.00
辅助生产车间	生产工人	6 350.00	508.00	762.00	127.00	63.50	63.50	222.25	127.00	158.75	889.00	9 271.00
管理部门	管理人员	3 052.00	244.16	366.24	61.04	30.52	30.52	106.82	61.04	76.30	427.28	4 455.92
管理部门	管理人员	4 065.00	325.20	487.80	81.30	40.65	40.65	142.28	81.30	101.63	569.10	5 934.90
合计		36 947.00	2 955.76	4 433.64	738.94	369.47	369.47	1 293.15	738.94	923.68	5 172.58	53 942.62

（5）根据本月职工工资，按照规定比例计算企业为职工代扣代缴的各项费用和实发工资。

表 2-12

代扣代缴和实发工资汇总表

20××年1月　　　　　　　　　　　　　　　　　　　　　　　　　　　　　　单位：元

部门	职员姓名	工资奖金津贴合计	医疗保险（个人2%）	养老保险（个人8%）	失业保险（个人1%）	住房公积金（个人3.5%）	个人所得税	实发工资
基本生产车间	生产工人	16 280.00	325.60	1 302.40	162.80	569.80	347.00	13 572.40
基本生产车间	管理人员	7 200.00	144.00	576.00	72.00	252.00	258.00	5 898.00
辅助生产车间	生产工人	6 350.00	127.00	508.00	63.50	222.25	348.00	5 081.25
辅助生产车间	管理人员	3 052.00	61.04	244.16	30.52	106.82	256.00	2 353.46
厂部	管理人员	4 065.00	81.30	325.20	40.65	142.28	312.00	3 163.58
合计		36 947.00	738.94	2 955.76	369.47	1 293.15	1 521.00	30 068.69

二、实训要求

（1）编制人工费用分配表，基本生产车间工人的工资按照甲、乙产品的生产工时比例进行分配。

（2）编制人工费用分配的会计分录。

三、实训结果

1. 编制职工薪酬费用分配表

表 2-13　　　　　　　　　　职工薪酬费用分配表

20××年1月　　　　　　　　　　　　　　　　单位:元

应借账户		工资分配					提取各项费用46%	合计
		工人工资分配记录			直接计入工资	小计		
		生产工时	分配率	分配金额				
基本生产成本	甲产品							
	乙产品							
	小计							
辅助生产成本	运输车间							
	小计							
制造费用	基本生产车间							
	辅助生产车间							
	小计							
行政管理部门								
合计								

实训提示：（1）基本生产车间生产工人的工资按照生产工时的比例，计算分配率，进行分配。

（2）将以工资为基数提取的各项比例相加，为46%，一起计算提取。

2. 编制职工薪酬分配的会计分录

3. 编制发放职工工资的分录

实训三 外购动力费用分配核算

实训目的 检验学生对企业发生的外购动力费用的核算;要求会审核原始凭证,会编制外购动力费用分配表,会编制会计分录。

实训重点和难点 缺乏用电度数时各受益对象费用的分配。

实训资料

一、东方有限公司1月份发生的用电量和电费资料

(1) 本月支付用电费用21 060元,其中,电费为18 000元,增值税为3 060元。

表2-14　　　　　　　中国工商银行**委托收款**凭证(付款通知)

托收日期:20××年1月24日
承付日期:20××年1月24日

付款人	全称	天津东方有限公司	收款人	全称	天津市供电局
	账号或地址	235678		账号或地址	26215077
	开户银行	中心路办事处		开户银行	工行河北路办事处

托收金额	人民币(大写):贰万壹仟零佰陆拾元整	千	百	十	万	千	百	十	元	角	分
				¥	2	1	0	6	0	0	0

备注:	上列款项已由付款人开户银行从付款人账户全额划出,此致付款人(付款人开户行盖章)	科目: 对方科目: 转账日期:2011年1月24日 单位主管:　　会计: 复核:　　　　记账:

(2) 各部门用电数量表。

表2-15　　　　　　　　用电情况汇总表
　　　　　　　　　　　　20××年1月

用电部门	用电量(度)
基本生产车间产品用电	10 000
基本生产车间其他用电	600
运输车间生产用电	2 000

(续表)

用电部门	用电量(度)
运输车间其他用电	400
管理部门用电	2 000
合　　计	15 000

二、实训要求

(1) 编制外购动力费用分配表。

(2) 基本生产车间生产的甲、乙两种产品共用的电费按照生产工时的比例进行分配。本月生产甲、乙产品的生产工时分别为2 000小时和3 000小时。

(3) 编制外购动力费用分配的会计分录。

三、实训结果

1. 编制外购动力费用分配表

表 2-16　　　　　　　　　　外购动力费用分配表

20ＸＸ年1月31日　　　　　　　　　　　　　单位:元

应借账户			生产工时	度数	金额
总账账户	明细账户	成本费用项目	分配率	分配率	
基本生产成本	甲	燃料及动力费			
	乙	燃料及动力费			
	小　计				
辅助生产成本	运输车间	燃料及动力费			
	小　计				
制造费用	生产车间	电费			
	运输车间	电费			
	小　计				
管理费用		电费			
合　计					

知识链接:(1) 生产车间生产甲、乙两种产品,没有单独的电表装置,所以车间产品的电费是共用的,应该在按照单价计算出费用以后再按照生产工时进行一次再分配。

(2) 购买电力发生的增值税属于允许抵扣的范围,在编制会计分录时要注意处理。

2. 编制外购动力费用分配的会计分录

实训四　折旧及其他费用分配核算

实训目的　检验学生是否掌握了折旧费用和其他费用的分配方法,是否能顺利编制折旧费用和其他费用分配表;编制折旧费用和其他费用分配的会计分录。

实训重点和难点　折旧费用的计算和其他费用的分配方法的应用。

实训资料

一、东方公司20××年1月份的固定资产情况和其他费用

(1) 东方公司20××年1月份的固定资产期初余额和折旧率如下:

表2-17　　　　　　　　　　　固定资产情况表

20××年1月　　　　　　　　　　　　　　　　单位:元

部门	资产类型 房屋建筑物	折旧率 0.30%	资产类型 机器设备	折旧率 0.80%	合计
	原值	月折旧额	原值	月折旧额	
基本生产车间	200 000.00		85 500.00		
辅助生产车间	150 000.00		95 175.00		
行政管理部门	100 000.00		46 000.00		
合计	450 000.00		226 675.00		

(2) 东方公司20××年1月份发生的其他费用汇总表如下:

表2-18　　　　　　　　　　　其他费用汇总表

20××年1月　　　　　　　　　　　　　　　　单位:元

部门	办公费	水费	差旅费	财产保险费	其他	合计
基本生产车间	2 230	820	340	1 280	540	5 210
辅助生产车间	2 020	670	200	800	400	4 090
行政管理部门	3 800	450	1 000	600	300	6 150
合计	8 050	1 940	1 540	2 680	1 240	15 450

二、实训要求

(1) 编制折旧计算分配表。

(2) 编制折旧费用和其他费用分配的会计分录。

三、实训结果

1. 编制折旧费用计算表

表 2-19   折旧费用分配表

20××年1月   单位:元

应借账户		资产类型	折旧率	资产类型	折旧率	合计
		房屋建筑物	0.30%	机器设备	0.80%	
		原值	月折旧额	原值	月折旧额	
制造费用	基本生产车间	200 000.00		85 500.00		
辅助生产成本	辅助生产车间	150 000.00		95 175.00		
管理费用	行政管理部门	100 000.00		46 000.00		
合计		450 000.00		226 675.00		

2. 编制折旧费用分配的会计分录

3. 编制其他费用分配的会计分录

第三章 辅助生产费用和制造费用的核算

实训一 辅助生产费用的归集和分配核算

实训目的 检验学生对辅助生产费用归集方法的理解和掌握。在相应的会计处理方法下，会编制会计分录，会登记各种费用成本明细账；能够熟练掌握辅助生产费用的各种分配方法。

实训重点和难点 两种辅助生产费用归集方法的区别；辅助生产费用的各种分配方法。

一、实训资料

1. 业务资料（为简便起见，我们以文字来描述业务，不再提供原始凭证）

北方公司有两个辅助生产车间，分别是供电车间和机修车间。20××年8月发生的业务如下：

（1）供电车间为供电耗用原煤5 000元，车间消耗材料500元；机修车间领用修理用材料2 000元，车间消耗材料300元。

（2）供电车间本月生产工人的工资2 280元，管理人员和其他人员的工资912元；机修车间本月生产工人的工资1 140元，管理人员和其他人员的工资560元。

（3）本月供电车间和机修车间提取的固定资产折旧费用分别为800元和300元。

（4）本月供电车间发生的办公费用为300元，本月的保险费用为200元，其他费用100元；本月机修车间发生的办公费用为200元，本月的保险费用为100元，其他费用100元。

假设没有其他需要调整的费用。

2. 劳务量资料

表3-1　　　　　　　　　　　辅助生产劳务量
20××年8月

供应对象		供电数量（度）	修理数量（小时）
基本生产车间	甲产品	5 000	
基本生产车间		800	1 200
辅助生产	供电车间		200
	机修车间	600	
行政管理部门		6 000	200
专设销售机构		815	132
合计		13 215	1 732

二、实训要求

（1）辅助生产车间只设置"辅助生产成本"一个账户核算生产费用，归集供电车间和机修车间的辅助生产费用,登记辅助生产明细账,并采用直接分配法进行分配,编制会计分录。

(2) 辅助生产车间同时设置"辅助生产成本"和"制造费用"两个账户核算生产费用,归集供电车间和机修车间的辅助生产费用,登记辅助生产明细账,并采用交互分配法进行分配,编制会计分录。

(3) 采用计划成本分配法分配辅助生产费用,编制会计分录。每度电的计划成本为1元,每小时的计划修理费用为2.80元。

三、实训结果(要求1)

1. 编制会计分录

业务1:(凭证号:)

业务2:(凭证号:)

业务3:(凭证号:)

业务4:(凭证号:)

2. 登记辅助生产成本明细账

表 3-2　　　　　　　　　　　　辅助生产成本明细账

户名：　　　　　　　　　　　　20××年8月　　　　　　　　　　　　单位：元

年		凭证		摘要	借方金额分析					合计	贷方	余额
月	日	字	号		原材料	工资费用	折旧费	保险费	办公费	其他费用			
				本月合计									

表 3-3　　　　　　　　　　　　辅助生产成本明细账

户名：　　　　　　　　　　　　20××年8月　　　　　　　　　　　　单位：元

年		凭证		摘要	借方金额分析					合计	贷方	余额
月	日	字	号		原材料	工资费用	折旧费	保险费	办公费	其他费用			
				本月合计									

3. 编制辅助生产费用分配表

表 3-4　　　　　　　　辅助生产费用分配表（直接分配法）

20××年8月　　　　　　　　　　　　单位：元

项目		机修车间	供电车间	合计
待分配费用				
提供劳务量				
分配率				
基本生产产品耗用	耗用数量			
	分配金额			
基本生产车间耗用	耗用数量			
	分配金额			
管理部门	耗用数量			
	分配金额			
合计				

4. 编制分配辅助生产费用的会计分录

四、实训结果(要求2)

1. 编制会计分录
业务1:(凭证号：　　　　)

业务2:(凭证号：　　　　)

业务3:(凭证号：　　　　)

业务4:(凭证号：　　　　)

2. 登记辅助生产车间制造费用明细账和辅助生产成本明细账

表 3-5　　　　　　　　　制造费用明细账

户名：　　　　　　　　　　20××年8月　　　　　　　　　　　单位：元

年		凭证字号	摘要	借方金额分析						合计	贷方	余额
月	日			原材料	工资费用	折旧费	保险费	办公费	其他费用			
			本月合计									

表 3-6　　　　　　　　　制造费用明细账

户名：　　　　　　　　　　20××年8月　　　　　　　　　　　单位：元

年		凭证字号	摘要	借方金额分析						合计	贷方	余额
月	日			原材料	工资费用	折旧费	保险费	办公费	其他费用			
			本月合计									

表 3-7　　　　　　　　　　　　　　辅助生产成本明细账
户名：　　　　　　　　　　　　　　20×× 年 8 月　　　　　　　　　　　　　　单位：元

年		凭证		摘要	借方金额分析			合计	贷方	余额
月	日	字	号		直接材料	直接人工	制造费用			
				本月合计						

表 3-8　　　　　　　　　　　　　　辅助生产成本明细账
户名：　　　　　　　　　　　　　　20×× 年 8 月　　　　　　　　　　　　　　单位：元

年		凭证		摘要	借方金额分析			合计	贷方	余额
月	日	字	号		直接材料	直接人工	制造费用			
				本月合计						

3. 采用交互分配法分配辅助生产费用

表 3-9　　　　　　　　　　　辅助生产费用分配表

20××年8月　　　　　　　　　　　　　　　单位:元

项目		交互分配			对外分配		
		供电车间	机修车间	小计	供电车间	机修车间	小计
待分配费用							
劳务供应量							
分配率							
供电车间	耗用量						
	分配额						
机修车间	耗用量						
	分配额						
分配小计							
产品耗用	耗用量						
	分配额						
基本生产车间耗用	耗用量						
	分配额						
管理部门	耗用量						
	分配额						
销售部门	耗用量						
	分配额						
分配金额合计							

供电车间对外分配的费用＝

机修车间对外分配的费用＝

4. 编制辅助生产费用分配的分录,并结转制造费用

1) 交互分配分录(凭证号:　　　　)

2) 对外分配分录(凭证号:　　　　)

3) 结转制造费用分录(凭证号：   )

五、实训结果(要求3)

1. 采用计划成本分配法编制辅助生产费用分配表

表 3-10　　　　　　　辅助生产费用分配表(计划成本分配法)

20×× 年 8 月　　　　　　　　　　　　　　　单位:元

项　目		机修车间		供电车间		费用合计
		数量	金额	数量	金额	
待分配费用						
提供劳务量						
计划单位成本						
辅助生产车间耗用	机修车间					
	供电车间					
基本生产甲产品耗用						
基本生产车间耗用						
行政部门耗用						
销售部门耗用						
按计划成本合计						
辅助生产实际成本						
辅助生产成本差异						

机修车间的实际成本＝

供电车间的实际成本＝

2. 编制会计分录

1) 按照计划成本分配

2) 分配差异(将差异记入"管理费用"账户)

实训二　制造费用的归集和分配核算

实训目的　检验学生对基本生产车间发生的制造费用的会计处理,包括会计分录的编制,制造费用明细账的登记和制造费用分配方法的掌握。

实训重点和难点　制造费用明细账的登记和制造费用的分配方法。

一、实训资料

1. 业务资料(为简便起见,我们以文字来描述业务,不再提供原始凭证)

北方公司生产甲、乙两种产品,20××年3月基本生产车间发生的制造费用如下:

(1) 车间发生机物料的消耗2 500元。
(2) 车间用现金支付办公费用1 500元,支付差旅费用156元。
(3) 车间用银行存款支付水费1 000元,电费2 000元。
(4) 车间管理人员工资薪酬费用2 000元。
(5) 车间本月提取固定资产折旧3 000元。
(6) 车间本月用银行存款支付财产保险费用2 600元。

2. 本月生产的甲、乙两种产品的生产工时分别为2 000小时和3 000小时。

二、实训要求

(一) 北方公司采用生产工时比例法分配制造费用

(1) 编制会计分录。
(2) 登记制造费用明细账。
(3) 按照生产工时比例法编制制造费用分配表。

(二) 北方公司采用年度计划分配率法分配制造费用

20××年北方公司基本生产车间全年制造费用计划为130 000元,全年各种产品的计划产量为:甲产品1 000件,乙产品2 000件。本月实际发生的制造费用为12 000元。单件工时定额:甲产品5小时,乙产品4小时。本月实际产量:甲产品110件,乙产品200件。制造费用明细账2月末的余额为贷方307元。

要求:按照年度计划分配率法分配制造费用。

三、实训结果

(一) 北方公司采用生产工时比例法分配制造费用

1. 编制会计分录

业务1:(凭证号:　　　　)

业务2:(凭证号：   )

业务3:(凭证号：   )

业务4:(凭证号：   )

业务5:(凭证号：   )

业务6:(凭证号：   )

2. 登记制造费用明细账

表 3-11　　　　　　　　　　制造费用明细账

户名：　　　　　　　　　　　20××年3月　　　　　　　　　　　　单位:元

年		凭证字号	摘要	借方金额分析					合计	贷方	余额
月	日			原材料	工资费用	折旧费	保险费	办公费	其他费用			
			合计									

3. 按照生产工时比例法编制制造费用分配表

表 3-12 制造费用分配表(生产工时比例法)

20××年3月

产品名称	生产工时	分配率	金额
甲产品			
乙产品			
合计			

4. 编制制造费用分配的会计分录

(二)北方公司采用年度计划率分配法分配制造费用

1. 计算过程

1) 甲产品年度计划产量的定额工时＝

   乙产品年度计划产量的定额工时＝

2) 年度计划分配率＝

3) 甲产品本月产量的定额工时＝

   乙产品本月产量的定额工时＝

4) 甲产品分配的制造费用＝

   乙产品分配的制造费用＝

2. 按照年度计划率分配法编制制造费用分配表

表 3-13 制造费用分配表(年度计划率分配法)

20××年3月

产品名称	定额工时	年度计划分配率	金额
甲产品			
乙产品			
合计			

3. 编制分配制造费用的会计分录

第四章 生产损失的核算

实训目的 练习对生产过程中发生的废品损失的归集和账务处理。

实训重点和难点 废品损失的核算,以及有废品损失时产品成本明细账的登记。

实训一 废品损失的核算

一、实训资料

光明工厂基本生产一车间新投入生产甲、乙两种产品,由于经常出现废品,提高了企业的生产成本,为此,企业增设了"废品损失"一级账户,同时,在成本项目中增设了"废品损失"这个成本项目来单独核算废品损失。20××年5月企业生产情况如下:

(1) 本月生产甲产品500件,在生产过程中检验发现有不可修复的废品30件,甲产品的材料在生产开始时一次性投入,本月生产甲产品实际耗用总工时5 000小时,废品所用工时为120小时,废品回收残料25元。本月生产乙产品2 000件,在完工验收入库时发现不可修复废品40件。经查,该废品的产生是由于生产工人李悦不负责任造成的,故要求其赔偿200元,从当月工资扣除。这40件废品回收残值100元。

(2) 本月甲、乙产品的月初在产品成本和本月生产费用如下:

表 4-1　　　　　　　　甲产品生产费用

摘要	行次	直接材料	直接人工	制造费用	合计
月初在产品成本	1	1 246	2 457	2 867	6 570
本月生产费用	2	4 378	5 643	3 487	13 508
生产费用合计	3	5 624	8 100	6 354	20 078

表 4-2　　　　　　　　乙产品生产费用

摘要	行次	直接材料	直接人工	制造费用	废品损失	合计
月初在产品成本	1	1 346	3 456	1 467		6 269
本月生产费用	2	26 234	24 586	13 578		64 398
生产费用合计	3	27 580	28 042	15 045		70 667

二、实训要求

(1) 编制甲、乙产品废品损失计算表。
(2) 编制废品损失的相关会计分录。
(3) 登记甲、乙产品成本明细账。

三、实训用表

1. 甲产品废品损失计算表

表 4-3　　　　　　　　　　甲产品废品损失计算表

项目	产量	直接材料	生产工时	直接人工	制造费用	成本合计
生产费用						
分配率						
废品成本						
减:残料回收						
废品损失						

2. 编制废品损失会计分录

1）计算废品损失

2）回收残值

3）结转废品损失

3. 登记甲产品成本明细账

表 4-4　　　　　　　　　　甲产品成本明细账

摘要	行次	直接材料	直接人工	制造费用	废品损失	合计
月初在产品成本	1					
本月生产费用	2					
转出废品损失	3					
转入废品损失	4					
生产费用合计	5					

4. 乙产品废品损失计算表

表 4-5　　　　　　　　　　乙产品废品损失计算表

项目	产量	直接材料	生产工时	直接人工	制造费用	成本合计
生产费用						
分配率						
废品成本						
减:残料回收						
减:应收赔款						
废品净损失						

5. 编制废品损失会计分录
1）计算废品损失

2）回收残值

3）结转废品损失

6. 登记乙产品成本明细账

表4-6　　　　　　　　　乙产品成本明细账

摘要	行次	直接材料	直接人工	制造费用	废品损失	合计
月初在产品成本	1					
本月生产费用	2					
转出废品损失	3					
转入废品损失	4					
生产费用合计	5					

实训二　停工损失的核算

实训目的　练习对生产过程中发生的停工损失的归集和账务处理。
实训重点和难点　停工损失的核算。

一、实训资料

京华公司在产品成本中单独核算停工损失。20××年5月，由于机器发生故障停工3天进行维修。车间下发了停工通知单，送交财会部门审核。为方便，省略了各种费用分配表。

表 4-7　　　　　　　　　　　停 工 通 知 单
20××年5月

停工部门	一车间
停工原因	机器故障
停工时间	5月12～14日共计3天

停工期间各种费用如下：

表 4-8　　　　　　　　　　　停工费用分配表

停工期间费用	领用维修材料	1 200元
	职工薪酬	5 600元
	制造费用	3 290元

二、实训要求

根据停工通知单对该企业停工期间发生的损失进行会计处理。

第五章 生产费用在完工产品和在产品之间的分配方法

实训一 几种简单的分配方法

实训目的 检验学生对生产费用在完工产品和在产品之间的几种简单的分配方法的运用。
实训重点和难点 在产品成本忽略不计法、在产品成本按年初数固定计算法、在产品成本按所耗原材料费用计算法和在产品按完工产品成本计算法。

一、实训资料

北方公司基本生产车间大量生产甲、乙、丙、丁四种产品，20××年3月份生产资料如下所述。

1. 本月完工产品和月末在产品数量

表 5-1　　　　　　　　　　完工产品和月末在产品数量
20××年3月

产品	完工产品数量	月末在产品	
		数量	完工率
甲产品	1 000	10	20%
乙产品	500	300	82%
丙产品	400	600	50%
丁产品	600	400	99%

2. 月初在产品成本

表 5-2　　　　　　　　　　月初在产品成本
20××年3月　　　　　　　　　　　　　　　　　单位：元

项目	月初在产品成本				
	甲产品	乙产品	丙产品	丁产品	合计
直接材料		24 000	96 000	12 580	132 580
直接人工		12 800		3 280	16 080
制造费用		8 600		4 560	13 160
合　计		45 400	96 000	20 420	161 820

3. 本月生产费用

表 5-3　　　　　　　　　　　　本月生产费用

20××年 3 月　　　　　　　　　　　　　　　　单位：元

项目	本月生产费用				
	甲产品	乙产品	丙产品	丁产品	合计
直接材料	12 358	23 458	87 542	12 568	135 926
直接人工	24 683	17 689	2 346	3 247	47 965
制造费用	5 437	23 468	1 456	2 358	32 719
合　计	42 478	64 615	91 344	18 173	216 610

二、实训要求

(1) 3 月末，甲产品在产品数量很少，不计算在产品的成本。登记甲产品成本计算单（表 5-4），计算完工产品和月末在产品成本等。

(2) 3 月末，乙产品在产品数量很大，但每月月末在产品数量的变化却不大。在产品成本按年初数固定计算。登记乙产品成本计算单（表 5-5），计算完工产品和月末在产品成本等。

(3) 3 月末，丙产品在产品数量很大，每月月末在产品数量的变化也很大，但产品成本中原材料费用所占比重很大。且丙产品的原材料在生产开始时一次性投入。其成本计算采用在产品只计算原材料费用。登记丙产品成本计算单（表 5-6），计算完工产品和月末在产品成本等。

(4) 丁产品的在产品已经接近完工，在产品视同完工产品分配生产费用。登记丁产品成本计算单（表 5-7），计算完工产品和月末在产品成本。

(5) 编制产品完工入库的会计分录。

(6) 计算过程中，分配率保留 4 位小数，金额保留 2 位小数。

三、实训结果

表 5-4　　　　　　　　　　　产品成本计算单

基本生产车间　　　　　　　　　　　　　　　　完工数量：　　件
产品名称：甲产品　　　　　　　　　　　　　　在产品数量：　　件

摘　　要	行次	直接材料	直接人工	制造费用	合计
月初在产品成本	1				
本月生产费用	2				
生产费用合计	3				
完工产品成本	4				
产品单位成本	5				
在产品成本	6				

实训提示：甲产品不计算在产品成本。

表 5-5　　　　　　　　　　　　　产品成本计算单

基本生产车间　　　　　　　　　　　　　　　　　　　　　　　　完工数量：　　件
产品名称：乙产品　　　　　　　　　　　　　　　　　　　　　　在产品数量：　　件

摘　要	行次	直接材料	直接人工	制造费用	合计
月初在产品成本	1				
本月生产费用	2				
生产费用合计	3				
完工产品成本	4				
产品单位成本	5				
在产品成本	6				

实训提示：乙产品月初和月末在产品成本相等。

表 5-6　　　　　　　　　　　　　产品成本计算单

基本生产车间　　　　　　　　　　　　　　　　　　　　　　　　完工数量：　　件
产品名称：丙产品　　　　　　　　　　　　　　　　　　　　　　在产品数量：　　件

摘　要	行次	直接材料	直接人工	制造费用	合计
月初在产品成本	1				
本月生产费用	2				
生产费用合计	3				
完工产品成本	4				
产品单位成本	5				
在产品成本	6				

实训提示：丙产品的在产品只计算材料费用。把材料费用合计数按照完工数量和在产品的数量进行分配,计算分配率。直接人工和制造费用都分配给完工产品。

材料分配率＝

完工产品的材料费用＝

在产品的材料费用＝

表 5-7　　　　　　　　　　　　　产品成本计算单

基本生产车间　　　　　　　　　　　　　　　　　　　　　　　　完工数量：　　件
产品名称：丁产品　　　　　　　　　　　　　　　　　　　　　　在产品数量：　　件

摘　要	行次	直接材料	直接人工	制造费用	合计
月初在产品成本	1				
本月生产费用	2				
生产费用合计	3				
分配率	4				
完工产品成本	5				
产品单位成本	6				
在产品成本	7				

实训提示：丁产品的在产品已接近完工，每一件在产品都将视同为一件完工产品，所有的费用都按照总数量来计算分配率。

实训二 约当产量比例法

实训目的　检验学生对生产费用进行分配的应用。在完工产品和在产品之间采用约当产量比例法。

实训重点和难点　对约当产量比例法下投料率的计算、完工率的计算和约当产量的计算。

一、实训资料

东方公司基本生产车间大量生产甲、乙、丙、丁四种产品，20××年5月份生产资料如下所述。

1. 月初在产品成本

表 5-8　　　　　　　　　　　　月初在产品成本
20××年5月　　　　　　　　　　　　　　　　单位：元

项目	月初在产品成本			
	直接材料	直接人工	制造费用	合计
甲产品	24 687	2 348	2 647	29 682
乙产品	12 567	4 563	5 679	22 809
丙产品	8 267	6 549	1 289	16 105
丁产品	2 345	5 468	2 876	10 689
合计	47 866	18 928	12 491	79 285

2. 本月生产费用

表 5-9　　　　　　　　　　　　本月生产费用
20××年5月　　　　　　　　　　　　　　　　单位：元

项目	本月生产费用			
	直接材料	直接人工	制造费用	合计
甲产品	24 689	2 347	6 547	33 583
乙产品	65 780	8 765	6 478	81 023
丙产品	674 532	56 432	64 790	795 754
丁产品	43 258	16 753	76 543	136 554
合计	808 259	84 297	154 358	1 046 914

3. 各产品产量情况和完工情况

(1) 甲产品分三道工序制成，原材料在生产开始时一次性投入。本月完工产品 180 件，在产品 50 件，月末在产品的完工率为 40%。

(2) 乙产品分两道工序制成，原材料在生产开始时一次性投入。本月完工产品 280 件，每道工序的在产品数量和单件产成品工时定额如下所述。

表 5-10　　　　　　　　　乙产品在产品数量和工时定额

乙产品	在产品数量	工时定额
第一道工序	140	20
第二道工序	170	30
合计	310	50

注：在产品在本工序的完工率均按照50%计算。

（3）丙产品分两道工序制成，原材料分工序且在每道工序生产开始时一次性投入。本月完工产品520件，每道工序的在产品数量、投料定额和工时定额如下所述。

表 5-11　　　　　　丙产品在产品数量、工时定额投料定额

丙产品	在产品数量（件）	工时定额（小时）	投料定额（千克）
第一道工序	250	30	400
第二道工序	320	50	600
合计	570	80	1 000

注：在产品在本工序的完工率均按照50%计算。

（4）丁产品分两道工序制成，原材料分工序且在生产过程中按照定额陆续投入。本月完工产品460件，每道工序的在产品数量、投料定额和工时定额如下所述。

表 5-12　　　　　　丁产品在产品数量、工时定额投料定额

丁产品	在产品数量（件）	工时定额（小时）	投料定额（千克）
第一道工序	220	40	200
第二道工序	360	60	800
合计	580	100	1 000

注：在产品在本工序的完工率均按照50%计算。

二、实训要求

根据上述资料，登记各产品成本明细账，采用约当产量比例法计算甲、乙、丙、丁四种产品的成本。计算过程中分配率保留四位小数，金额保留两位小数。

三、实训结果

表 5-13　　　　　　　　产品成本计算单

基本生产车间　　　　　　　　　　　　　　　　　　　　完工数量：　　　件
产品名称：甲产品　　　　　　　　　　　　　　　　　　　在产品数量：　　件

摘　　要	行次	直接材料	直接人工	制造费用	合计
月初在产品成本	1				
本月生产费用	2				
生产费用合计	3				
完工产量	4				

(续表)

摘要	行次	直接材料	直接人工	制造费用	合计
在产品约当产量	5				
产量合计	6				
分配率	7				
完工产品成本	8				
产品单位成本	9				
在产品成本	10				

实训提示

(1) 乙产品原材料在生产开始时一次性投入,所以材料要按照完工产品和在产品的实际数量来分配。

(2) 其他费用要按照完工产品和在产品的约当产量来分配。

表 5-14　　　　　　　　　乙产品在产品加工费用约当产量计算表

乙产品	在产品数量	工时定额	完工率(%)	约当产量
第一道工序				
第二道工序				
合计				

注:(1) 在产品在本工序的完工率均按照 50% 计算。
　　(2) 完工率保留四位小数;约当产量保留整数,小数部分都舍弃。

表 5-15　　　　　　　　　　　产品成本计算单

基本生产车间　　　　　　　　　　　　　　　　　　　完工数量:　　　件
产品名称:乙产品　　　　　　　　　　　　　　　　　在产品数量:　　　件

摘要	行次	直接材料	直接人工	制造费用	合计
月初在产品成本	1				
本月生产费用	2				
生产费用合计	3				
完工产量	4				
在产品约当产量	5				
产量合计	6				
分配率	7				
完工产品成本	8				
产品单位成本	9				
在产品成本	10				

实训提示

(1) 丙产品原材料在每道工序生产开始时一次性投入,所以材料要按照完工产品和在产品的约当数量来分配。

(2) 其他费用要按照完工产品和在产品的约当产量来分配。

表 5-16   丙产品在产品材料费用约当产量计算表

丙产品	在产品数量	材料定额	投料率	约当产量
	件	千克		
第一道工序				
第二道工序				
合计				

注:完工率保留四位小数;约当产量保留整数,小数部分都舍弃。

表 5-17   丙产品在产品加工费用约当产量计算表

丙产品	在产品数量	工时定额	完工率	约当产量
	件	小时		
第一道工序				
第二道工序				
合计				

注:(1) 在产品在本工序的完工率均按照 50% 计算。
(2) 完工率保留四位小数;约当产量保留整数,小数部分都舍弃。

表 5-18   产品成本计算单

基本生产车间   完工数量: 件
产品名称:丙产品   在产品数量: 件

摘要	行次	直接材料	直接人工	制造费用	合计
月初在产品成本	1				
本月生产费用	2				
生产费用合计	3				
完工产量	4				
在产品约当产量	5				
产量合计	6				
分配率	7				
完工产品成本	8				
产品单位成本	9				
在产品成本	10				

表 5-19   丁产品在产品材料费用约当产量计算表

丁产品	在产品数量	材料定额	投料率	约当产量
	件	千克		
第一道工序				
第二道工序				
合计				

注:(1) 在产品在本工序的完工率均按照 50% 计算。
(2) 完工率保留四位小数;约当产量保留整数,小数部分都舍弃。

表 5-20   丁产品在产品加工费用约当产量计算表

丁产品	在产品数量 件	工时定额 小时	完工率	约当产量
第一道工序				
第二道工序				
合计				

注：(1) 在产品在本工序的完工率均按照 50% 计算。
　　(2) 完工率保留四位小数；约当产量保留整数，小数部分都舍弃。

表 5-21   产品成本计算单

基本生产车间　　　　　　　　　　　　　　　　　　　　　　完工数量：　　　件
产品名称：丁产品　　　　　　　　　　　　　　　　　　　　在产品数量：　　　件

摘　　要	行次	直接材料	直接人工	制造费用	合计
月初在产品成本	1				
本月生产费用	2				
生产费用合计	3				
完工产量	4				
在产品约当产量	5				
产量合计	6				
分配率	7				
完工产品成本	8				
产品单位成本	9				
在产品成本	10				

实训三　定额比例法

实训目的　检验学生对定额比例法的运用。
实训重点和难点　定额比例法下分配率的确定，月末在产品定额资料的计算。

一、实训资料

振华工厂生产甲、乙两种产品，有准确、稳定的定额管理制度。由于每月月末在产品的数量变化较大，所以采用定额比例法将生产费用在完工产品和在产品之间进行分配。以下是该企业 20××年 5 月的生产资料。

1. 月初在产品成本

表 5-22   月初在产品成本
　　　　　　　　　　　　　　　　20××年 5 月　　　　　　　　　　　　　　单位：元

项目	月初在产品成本			
	直接材料	直接人工	制造费用	合计
甲产品	23 678	6 590	3 750	34 018
乙产品	29 955	2 985	2 975	35 915
合计	53 633	9 575	6 725	69 933

2. 本月生产费用

表 5-23　　　　　　　　　　　　　本月生产费用
20××年5月　　　　　　　　　　　　　　　　　　　单位:元

项目	本月生产费用			
	直接材料	直接人工	制造费用	合计
甲产品	28 697	5 497	3 765	37 959
乙产品	41 085	2 958	7 643	51 686
合计	69 782	8 455	11 408	89 645

3. 甲、乙产品定额资料表

表 5-24　　　　　　　　　　　甲产品单位定额资料表
20××年5月

项目	数量	材料定额(元)	工时定额(小时)
完工产品	200	200	20
在产品	50	200	10
合计	250	—	—

表 5-25　　　　　　　　　　　乙产品定额资料表
20××年5月

项　目	材料定额(元)	工时定额(小时)
月初在产品定额	20 000	2 000
本月生产定额	40 000	3 000
完工产品定额	50 000	4 000

二、实训要求

(1) 编制甲产品完工产品和在产品定额计算表。
(2) 登记甲乙产品成本计算单。

三、实训结果

1. 编制甲产品完工产品和在产品定额计算表

表 5-26　　　　　　　甲产品完工产品和在产品定额计算表
20××年5月

项目	数量	材料定额(元)		工时定额(小时)	
		单件定额	总定额	单件定额	总定额
完工产品					
在产品					
合计					

2. 登记甲产品成本计算单

表 5-27　　　　　　　　　　　　甲产品成本计算单
　　　　　　　　　　　　　　　　　20××年5月　　　　　　　　　　　完工数量：

摘　要	行次	直接材料	直接人工	制造费用	合计
月初在产品成本	1				
本月生产费用	2				
生产费用合计	3				
完工产品定额	4				
在产品定额	5				
定额合计	6				
分配率	7				
完工产品成本	8				
产品单位成本	9				
月末在产品成本	10				

2. 登记乙产品成本计算单

表 5-28　　　　　　　　　　　　乙产品成本计算单
　　　　　　　　　　　　　　　　　20××年5月

摘　要		行次	直接材料	直接人工	制造费用	合计
月初在产品	定额	1				
	实际费用	2				
本月发生	定额	3				
	实际费用	4				
本月合计	定额	5				
	实际费用	6				
分配率		7				
完工产品成本	定额	8				
	实际费用	9				
月末在产品	定额	10				
	实际费用	11				

实训四　在产品按定额成本计价法

实训目的　检验学生对在产品按定额成本计价法的运用。
实训重点和难点　月末在产品定额成本的计算。

一、实训资料

鑫鑫工厂生产甲、乙两种产品,有准确、稳定的定额管理制度。由于每月月末在产品的数量变化较小,所以在产品的计算采用定额成本计价法。以下是该企业20××年5月的生产资料。

1. 月初在产品成本

表 5-29　　　　　　　　　　月初在产品成本

20××年5月　　　　　　　　　　　　　　　　　　单位:元

项 目	月初在产品成本			
	直接材料	直接人工	制造费用	合计
甲产品	26 783	3 875	1 458	32 116
乙产品	57 634	13 472	2 957	74 063
合计	84 417	17 347	4 415	106 179

2. 本月生产费用

表 5-30　　　　　　　　　　本月生产费用

20××年5月　　　　　　　　　　　　　　　　　　单位:元

项 目	本月生产费用			
	直接材料	直接人工	制造费用	合计
甲产品	46 528	3 672	3 486	53 686
乙产品	54 398	24 327	15 632	94 357
合 计	100 926	27 999	19 118	148 043

3. 有关在产品的定额资料

表 5-31　　　　　　　　　　甲产品定额数量表

项 目	在产品数量	材料投入定额(千克)	工时定额
第一道工序	100	20	20
第二道工序	120	0	30
合 计	220	20	50

注:甲产品的材料在第一道工序开始时一次性投入,在产品在本工序的完工率为50%。

表 5-32　　　　　　　　　　乙产品定额数量表

项 目	在产品数量	材料投入定额(千克)	工时定额
第一道工序	250	40	50
第二道工序	350	60	30
合 计	600	100	80

注:乙产品的材料在每道工序开始时一次性投入,在产品在本工序的完工率为50%。

4. 有关费用定额

表 5-33　　　　　　　　　　费 用 定 额 表

项 目	材料计划价格	人工费用定额	制造费用定额
定额费用	1.0元/千克	1.2元/小时	0.5元/小时

二、实训要求

（1）计算月末在产品的定额成本,编制在产品定额成本计算表。

（2）采用在产品按定额成本计价法,计算完工产品成本。本月甲产品完工数量为500件,乙产品完工数量为400件,登记甲、乙产品成本计算单。

三、实训结果

1. 编制在产品定额成本计算表

表 5-34　　　　　　　　　在产品定额成本计算表

产品名称	工序	在产品数量	原材料（千克）		生产工时（小时）		原材料	直接人工	制造费用	合计
			单件定额	定额总量	单件累计定额	定额总量	1	1.20	0.50	
甲产品	1									
	2									
合计										
乙产品	1									
	2									
合计										

表中甲产品工序 1 单件累计工时定额＝

　　　　工序 2 单件累计工时定额＝

表中乙产品工序 1 单件累计工时定额＝

　　　　工序 2 单件累计工时定额＝

2. 登记甲、乙产品成本计算单

表 5-35　　　　　　　　　甲产品成本计算单

20××年5月　　　　　　　　　　　　　　　　单位:元

完工数量：　　件

摘　　要	行次	直接材料	直接人工	制造费用	合计
月初在产品成本	1				
本月生产费用	2				
生产费用合计	3				
完工产品成本	4				
产品单位成本	5				
月末在产品成本	6				

表 5-36　　　　　　　　　　　乙产品成本计算单

20××年5月　　　　　　　　　　　　　　　单位:元

完工数量:　　件

摘　　要	行次	直接材料	直接人工	制造费用	合计
月初在产品成本	1				
本月生产费用	2				
生产费用合计	3				
完工产品成本	4				
产品单位成本	5				
月末在产品成本	6				

第六章 品 种 法

实训目的 使学生能够熟悉在采用品种法的情况下,计算产品成本的程序,掌握计算过程,熟悉各种要素费用分配表的编制、产品成本明细账的登记和产品成本的计算,综合提升成本计算的能力。

实训重点和难点 将以前学习的单一模块的知识综合在一起的理解和运用能力。

一、实训资料

(一)企业情况介绍

北方公司是一家中型生产加工企业,有两个基本生产车间和两个辅助生产车间。一车间和二车间为基本生产车间,一车间大量生产甲、乙两种产品,二车间大量生产丙、丁两种产品,根据企业的生产工艺特点和管理要求,企业确定采用品种法计算产品成本。辅助生产车间为机修车间和运输车间,这两个车间的制造费用通过"制造费用"科目核算。企业产品成本设置的成本项目为直接材料、直接人工、燃料动力和制造费用。各个车间的人员工资采用计时工资制。生产甲、乙产品共同耗用 A、B、C 三种材料,另外,丙、丁产品共同耗用 A、D、E 三种材料,各种材料都在生产开始时一次性投入。一车间产品的月初与月末在产品数量变化不大,所以在产品成本按年初数固定计算。二车间产品采用约当产量比例法进行分配,在产品的完工率为 50%。

(二)20××年度3月份的有关资料

1. 本月甲、乙产品的产量资料

表 6-1　　　　　　　　　　　　产 量 表　　　　　　　　　　　　单位:件

产品名称	月初数量	本月投产数量	本月完工数量	月末在产品数量
甲产品	100	250	248	102
乙产品	128	280	278	130
丙产品	30	150	120	60
丁产品	40	200	100	140

2. 本月发生的用银行存款支付的各项费用

表 6-2　　　　　　　　　银行存款支出汇总表　　　　　　　　　单位:元

部　门	办公费	财产保险费	其他	合计
基本生产车间一车间	1 200	520	148	1 868
基本生产车间二车间	2 002	480	245	2 727
辅助生产机修车间	1 080	320	278	1 678

(续表)

部门	办公费	财产保险费	其他	合计
辅助生产运输车间	1 200	250	341.6	1 791.6
行政管理部门	5 482	269	348	6 099
合计	10 964	1 839	1 361	14 163.6

3. 本月的领料资料

1)

表 6-3　　　　　　　　　　　　　　　领　料　单

领料部门：一车间　　　　　开票日期 20×× 年 3 月 3 日　　　　　　NO：001

材料编号	材料名称	规格	单位	请领数量	实发数量	实际单价	实际总金额
1001	A		千克	5 000	5 000	5	25 000
用途	甲乙产品	发料部门			领料部门		
		核准人	发料人		负责人	领料人	
		李婷	王迪		李佳佳	张伟	

第二联　交会计

2)

表 6-4　　　　　　　　　　　　　　　领　料　单

领料部门：一车间　　　　　开票日期 20×× 年 3 月 3 日　　　　　　NO：002

材料编号	材料名称	规格	单位	请领数量	实发数量	实际单价	实际总金额
1002	B		千克	3 950	3 950	4	15 800
用途	甲乙产品	发料部门			领料部门		
		核准人	发料人		负责人	领料人	
		李婷	王迪		李佳佳	张伟	

第二联　交会计

3)

表 6-5　　　　　　　　　　　　　　　领　料　单

领料部门：一车间　　　　　开票日期 20×× 年 3 月 3 日　　　　　　NO：003

材料编号	材料名称	规格	单位	请领数量	实发数量	实际单价	实际总金额
1003	C		千克	360	360	20	7 200
用途	甲乙产品	发料部门			领料部门		
		核准人	发料人		负责人	领料人	
		王一兴	王迪		李佳佳	张伟	

第二联　交会计

4)

表 6-6　　　　　　　　　　　　　　　领　料　单

领料部门：运输车间　　　　开票日期 20×× 年 3 月 5 日　　　　　　NO：004

材料编号	材料名称	规格	单位	请领数量	实发数量	实际单价	实际总金额
1004	汽油	93#	吨	2	2	8 000	16 000
用途	运送货物	发料部门			领料部门		
		核准人	发料人		负责人	领料人	
		王一兴	王迪		王田	赵敏	

第二联　交会计

5)

表6-7 领　料　单

领料部门:运输车间　　　　　　开票日期20××年3月10日　　　　　　NO:005

材料编号	材料名称	规格	单位	请领数量	实发数量	实际单价	实际总金额
1005	手套		双	20	20	25	500
用途	劳动保护	发料部门			领料部门		
		核准人	发料人		负责人	领料人	
		王一兴	张云		王田	赵敏	

第二联　交会计

6)

表6-8 领　料　单

领料部门:一车间　　　　　　开票日期20××年3月10日　　　　　　NO:006

材料编号	材料名称	规格	单位	请领数量	实发数量	实际单价	实际总金额
1005	手套		双	100	100	25	2 500
用途	劳动保护	发料部门			领料部门		
		核准人	发料人		负责人	领料人	
		李婷	张云		李梅	张伟	

第二联　交会计

7)

表6-9 领　料　单

领料部门:管理部门　　　　　　开票日期20××年3月11日　　　　　　NO:007

材料编号	材料名称	规格	单位	请领数量	实发数量	实际单价	实际总金额
1006	文件柜		个	1	1	580	580
用途	办公用品	发料部门			领料部门		
		核准人	发料人		负责人	领料人	
		李婷	张云		李梅	张伟	

第二联　交会计

8)

表6-10 领　料　单

领料部门:二车间　　　　　　开票日期20××年3月20日　　　　　　NO:008

材料编号	材料名称	规格	单位	请领数量	实发数量	实际单价	实际总金额
1007	D		千克	5 000	5 000	8	40 000
用途	丙丁产品	发料部门			领料部门		
		核准人	发料人		负责人	领料人	
		于莉	王清			赵军	

第二联　交会计

9)

表6-11 领　料　单

领料部门:二车间　　　　　　开票日期20××年3月20日　　　　　　NO:009

材料编号	材料名称	规格	单位	请领数量	实发数量	实际单价	实际总金额
1001	A		千克	6 000	6 000	5	30 000
用途	丙丁产品	发料部门			领料部门		
		核准人	发料人		负责人	领料人	
		于莉	王颖			张翔	

10)

表 6-12 领 料 单

领料部门：二车间　　　　　　开票日期 20×× 年 3 月 20 日　　　　　　NO：010

材料编号	材料名称	规格	单位	请领数量	实发数量	实际单价	实际总金额
2002	E		吨	1 000	1 000	7	7 000
用途	丙丁产品	发料部门			领料部门		
		核准人	发料人		负责人	领料人	
		于莉	王颖		张翔		

11)

表 6-13 领 料 单

领料部门：机修车间　　　　　　开票日期 20×× 年 3 月 9 日　　　　　　NO：011

材料编号	材料名称	规格	单位	请领数量	实发数量	实际单价	实际总金额
4001	扳手		个	40	40	50	2 000
用途	生产用	发料部门			领料部门		
		核准人	发料人		负责人	领料人	
		于莉	王清		赵军		

12)

表 6-14 领 料 单

领料部门：二车间　　　　　　开票日期 20×× 年 3 月 10 日　　　　　　NO：012

材料编号	材料名称	规格	单位	请领数量	实发数量	实际单价	实际总金额
1005	手套		双	60	60	25	1 500
用途	劳动保护	发料部门			领料部门		
		核准人	发料人		负责人	领料人	
		李婷	张云		李梅	张伟	

第二联　交会计

13)

表 6-15 领 料 单

领料部门：机修车间　　　　　　开票日期 20×× 年 3 月 10 日　　　　　　NO：012

材料编号	材料名称	规格	单位	请领数量	实发数量	实际单价	实际总金额
1005	手套		双	14	14	25	350
用途	劳动保护	发料部门			领料部门		
		核准人	发料人		负责人	领料人	
		李婷	张云		李梅	张伟	

第二联　交会计

14)

表 6-16　　　　　　　　　　　　领　料　单

领料部门：机修车间　　　　　　开票日期 20×× 年 3 月 10 日　　　　　　NO：012

材料编号	材料名称	规格	单位	请领数量	实发数量	实际单价	实际总金额
4004	千斤顶		双	5	5	200	1 000
用途	维修设备	\multicolumn{3}{c}{发料部门}		\multicolumn{2}{c}{领料部门}	
		核准人	\multicolumn{2}{c}{发料人}		负责人	领料人
		李婷	\multicolumn{2}{c}{张云}		李梅	张伟

第二联　交会计

4. 产品使用的材料定额资料

表 6-17　　　　　　　　单件产品材料定额表

项目	单位	甲产品	乙产品	丙产品	丁产品
A 材料	千克	10	12	20	15
B 材料	千克	8	5		
C 材料	千克	0.5	0.8		
D 材料	千克			12	15
E 材料	吨			2	2.5

5. 本月的薪酬资料

表 6-18　　　　　　　　职工薪酬汇总表　　　　　　　　　　　　　单位：元

部　门		人员类别	基本工资	津贴奖金	病假扣款	事假扣款	合计
基本生产车间	一车间	生产工人	23 456	5 428	100		28 784
		管理人员	8 928	1 056			9 984
	二车间	生产工人	37 865	6 758		280	44 343
		管理人员	10 654	7 684			18 338
辅助生产车间	机修车间	生产工人	8 769	3 428			12 197
		管理人员	2 657	789			3 446
	运输车间	生产工人	7 896	4 560	248		12 208
		管理人员	3 468	868			4 336
厂部		管理人员	15 620	3 088		346	18 362
合计			119 313	33 659	348	626	151 998

6. 本月生产工时资料

表 6-19　　　　　　　　本月生产工时资料
20　年　月　　　　　　　　　　　　　　　单位：小时

产品名称	本月生产工时
甲产品	2 000
乙产品	3 000

(续表)

产品名称	本月生产工时
丙产品	1 800
丁产品	1 200
合计	8 000

7. 本月固定资产情况

表 6-20　　　　　　　　　　　本月固定资产情况
20　　年　　月

部门	房屋建筑物 0.2%		机器设备 0.8%		合计
	原值	月折旧额	原值	月折旧额	
一车间	300 000.00		85 500.00		
二车间	120 000.00		68 300.00		
机修车间	301 200.00		37 500.00		
运输车间	100 000.00		30 005.00		
行政管理部门	300 000.00		50 000.00		
合计	1 121 200.00		271 305.00		

8. 本月外购水费为 6 400 元,增值税为 384 元,各部门用水情况

表 6-21　　　　　　　　　　　各部门用水情况
20　　年　　月　　　　　　　　　　　　　　　　单位:吨

用水部门	用水量
一车间	320
二车间	430
机修车间	200
运输车间	150
管理部门	180
合计	1 280

9. 本月外购电费为 21 528 元,增值税为 3 659.76 元,各部门用电情况

表 6-22　　　　　　　　　　　各部门用电情况
20　　年　　月　　　　　　　　　　　　　　　　单位:度

用电部门	生产、产品用电	其他用电	合计
一车间	7 500	600	8 100
二车间	5 000	800	5 800
机修车间	950	250	1 200
运输车间	1 100	340	1 440
管理部门		1 400	1 400
合计	14 550	3 390	17 940

10. 辅助生产车间的劳务量

表 6-23　　　　　　　　　　辅助生产车间劳务量资料

受益部门	机修车间(小时)	运输车间(千米)
机修车间		200
运输车间	120	
基本生产一车间	600	12 000
基本生产二车间	760	9 000
管理部门	40	2 500
合计	1 520	23 700

11. 本月甲、乙、丙、丁四种产品的期初在产品成本的资料

表 6-24　　　　　　　　　　月初在产品成本

产品名称		月初在产品成本				
		直接材料	直接人工	燃料动力	制造费用	合计
一车间	甲产品	3 120	2 568	621	3 078	9 387
	乙产品	5 235	5 671	1 486	8 734	21 126
二车间	丙产品	3 456	3 617	380	4 000	11 453
	丁产品	4 568	2 678	398	4 128	11 772

二、实训要求

（1）根据领料情况编制领料汇总表。
（2）编制材料费用分配表和会计分录。
（3）根据薪酬资料编制薪酬费用分配表和会计分录。
（4）根据固定资产情况表编制提取折旧费用表和会计分录。
（5）根据本月电费和用电情况表编制外购动力费用分配表和会计分录。
（6）根据本月水费和用水情况表编制水费分配表和会计分录。
（7）根据各种费用分配表登记辅助生产车间制造费用明细账。
（8）登记辅助生产成本明细账。
（9）编制辅助生产费用分配表。
（10）登记基本生产车间制造费用明细账，编制制造费用分配表和会计分录。
（11）计算产品成本，一车间的产品月初与月末在产品的数量变化不大，所以在产品成本按年初数固定计算。二车间的产品采用约当产量比例法进行分配，在产品的完工率为50%，所有产品的材料都是在生产开始时一次性投入。

三、实训用表

1. 根据领料情况编制领料汇总表

表6-25

领料汇总表

20　年　月　　　　　　　　　　　　　　　　　　　　　　　　　单位：元

材料名称	单位	材料单价	一车间				二车间				机修车间				运输车间				管理部门		合计	
			产品		车间		产品		车间		生产		车间		生产		车间					
			数量	金额	数量	金额	数量	金额	数量	金额	数量	金额	数量	金额	数量	金额	数量	金额	数量	金额	数量	金额
A	千克	5																				
B	千克	4																				
C	千克	20																				
D	千克	8																				
E	吨	7																				
汽油	吨	8 000																				
千斤顶	个	200																				
扳手	个	50																				
手套	双	25																				
文件柜	个	580																				
合计																						

2. 编制材料费用分配表

1) 编制一车间材料费用分配表

表 6-26　　　　　　　　　　　一车间材料费用分配表

20　年　月　　　　　　　　　　　　　　　　　　单位:元

材料名称	分配对象	分配记录				
		单件定额	产量	定额耗用总量	分配率	分配金额
A 材料	甲产品					
	乙产品					
	小计					
B 材料	甲产品					
	乙产品					
	小计					
C 材料	甲产品					
	乙产品					
	小计					
	甲产品					
	乙产品					
	合计					

实训提示:A、B、C 三种材料都是甲、乙产品共同耗用的,在领料汇总表里面汇总的一车间产品耗用的材料费用都要按照材料的定额在甲、乙两种产品之间进行分配,分配率保留四位小数。甲产品所耗材料费用用乘法计算,乙产品所耗材料费用倒轧。

2) 编制二车间材料费用分配表

表 6-27　　　　　　　　　　　二车间材料费用分配表

20　年　月　　　　　　　　　　　　　　　　　　单位:元

材料名称	分配对象	分配记录				
		单件定额	产量	定额耗用总量	分配率	分配金额
A 材料	丙产品					
	丁产品					
	小计					
D 材料	丙产品					
	丁产品					
	小计					
E 材料	丙产品					
	丁产品					
	小计					

(续表)

材料名称	分配对象	分配记录				
		单件定额	产量	定额耗用总量	分配率	分配金额
	丙产品					
	丁产品					
	合计					

实训提示：A、D、E三种材料都是丙、丁产品共同耗用的,在领料汇总表里面汇总的二车间产品耗用的材料费用都要按照材料的定额在丙、丁两种产品之间进行分配,分配率保留四位小数。丙产品所耗材料费用用乘法计算,丁产品所耗材料费用倒轧。

分配材料的会计分录：

3. 编制银行存款支出（其他费用分配）的会计分录。

4. 编制本月职工薪酬费用分配表

表 6-28 　　　　　　　　　**职工薪酬费用分配表**

　　　　　　　　　　　　20　　年　　月　　　　　　　　　　　　　　　单位:元

用　　途		工资分配								合　　计
		工人工资分配记录			各类人员工资	工资合计	提取各类保险 0.20	提取工会经费 0.02	提取福利费 0.14	
		生产工时	分配率	分配金额						
一车间	甲产品									
	乙产品									
	小计									
二车间	丙产品									
	丁产品									
	小计									
辅助生产车间	机修车间									
	运输车间									
	小计									
制造费用	一车间									
	二车间									
	机修车间									
	运输车间									
	小计									
行政管理部门										
合　计										

分配职工薪酬的会计分录：

5. 编制折旧计算表

表 6-29　　　　　　　　　　　　　折 旧 计 算 表

20　　年　　月　　　　　　　　　　　　　　　　　　　单位:元

部门	原值	月折旧额	原值	月折旧额	折旧额合计
一车间	300 000.00		85 500.00		
二车间	120 000.00		68 300.00		
机修车间	301 200.00		37 500.00		
运输车间	100 000.00		30 005.00		
行政管理部门	300 000.00		50 000.00		
合计	1 121 200.00		271 305.00		

提取折旧的会计分录：

6. 编制外购动力费用分配表

表 6-30　　　　　　　　　　　外购动力费用分配表

20　　年　　月　　　　　　　　　　　　　　　　　　　单位:元

应借科目			生产工时	工时分配率	度数（分配率：　）	金额
总账账户		明细科目	成本费用项目			
基本生产成本	一车间	甲	燃料及动力费			
		乙	燃料及动力费			
		小　计				
	二车间	丙产品	燃料及动力费			
		丁产品	燃料及动力费			
		小　计				
辅助生产成本		机修车间	燃料及动力费			
		运输车间	燃料及动力费			
		小　计				

(续表)

应借科目				生产工时	工时分配率	度数（分配率：）	金额
总账账户		明细科目	成本费用项目				
制造费用	一车间		电费				
	二车间		电费				
	机修车间		电费				
	运输车间		电费				
			小　计				
管理费用			电费				
合　　计							

知识链接：两个生产车间各生产两种产品，没有单独的电表装置，所以两个车间产品的电费是共用的，应该在按照单价计算出费用以后再按照生产工时进行一次再分配。

动力费用分配的会计分录：

7. 编制水费分配表

表 6-31 水费分配表

20　年　月　　　　　　　　　　　　　　　　　　单位：元

应借科目			用水量	分配率	金额
总账账户	明细科目	成本费用项目			
制造费用	一车间	水费			
	二车间	水费			
	机修车间	水费			
	运输车间	水费			
	小　计				
管理费用	厂部	水费			
合　计					

实训提示：企业从自来水公司购入的水费增值税率为6％。

分配水费的会计分录：

8. 登记机修车间制造费用明细账

表6-32

账户： 机修车间制造费用明细账

20 年 月

单位：元

凭证		摘要	借方金额分析							借方合计	贷方	余额
月 日	号字		原材料	工资费用	折旧费	办公费	保险费	水费	电费	其他			

9. 登记机修车间辅助生产成本明细账

表6-33

户名： 机修车间辅助生产成本明细账

20 年 月

单位：元

凭证		摘要	借方金额分析					借方合计	贷方	余额
月 日	号字		直接材料	直接人工	燃料动力	制造费用				
		材料分配表								
		薪酬分配表								
		电费分配表								
		制造费用分配表								
		辅助生产费用分配表								
		合 计								

编制结转机修车间制造费用的会计分录。

10. 登记运输车间制造费用明细账

表 6-34   **运输车间制造费用明细账**

户名：   20　年　月   单位：元

年		凭证字号	摘要	借方金额分析							借方合计	贷方	余额
月	日			原材料	工资费用	折旧费	办公费	保险费	水费	电费	其他			

11. 登记运输车间辅助生产成本明细账

表 6-35   **运输车间辅助生产成本明细账**

户名：   20　年　月   单位：元

20××		凭证字号	摘要	借方金额分析				借方合计	贷方	余额
月	日			直接材料	直接人工	燃料动力	制造费用			
			材料分配表							
			薪酬分配表							
			电费分配表							
			制造费用分配表							
			辅助生产费用分配表							
			合　计							

编制结转运输车间制造费用的会计分录。

12. 编制辅助生产费用分配表(直接分配法)

表 6-36 辅助生产费用分配表(直接分配法)

20 年 月 单位:元

项 目		机修车间	运输车间	小计
待分配费用				
对外劳务供应量				
分配率				
一车间	耗用量			
	分配额			
二车间	耗用量			
	分配额			
管理部门	耗用量			
	分配额			
分配金额合计				

会计分录:

13. 登记一车间制造费用明细账

表6-37

一车间制造费用明细账

20 年 月

单位：元

年		凭证		摘要	借方金额分析							借方合计	贷方	余额
月	日	字	号		原材料	工资费用	折旧费	办公费	保险费	其他费用	水费	电费			
				材料分配表											
				薪酬分配表											
				折旧分配表											
				其他费用分配表											
				电费分配表											
				水费分配表											
				辅助生产费用分配表											
				制造费用分配表											
				合　计											

14. 登记二车间制造费用明细账

表6-38

二车间制造费用明细账

20 年 月

单位:元

年		凭证		摘要	借方金额分析							借方合计	贷方	余额
月	日	字	号		原材料	工资费用	折旧费	办公费	保险费	其他费用	水费	电费			
				材料分配表											
				薪酬分配表											
				折旧分配表											
				其他费用分配表											
				电费分配表											
				水费分配表											
				辅助生产费用分配表											
				制造费用分配表											
				合计											

15. 编制基本生产车间制造费用分配表

表6-39

制造费用分配表

20 年 月

单位:元

产品名称	一车间			二车间		
	生产工时	分配率	分配金额	生产工时	分配率	分配金额
甲产品						
乙产品						
丙产品						
丁产品						
合计						

实训提示：制造费用按照生产工时进行分配，分配率保留四位小数，甲、丙产品分配数用乘法计算，乙、丁产品分配数倒轧计算。

会计分录：

16. 登记甲产品成本明细账，计算甲产品成本

表 6-40　　　　　　　　　　　甲产品成本计算单

车间名称：　　　　　　　　　20　年　　月　　　　　　　完工数量：
产品名称：　　　　　　　　　　　　　　　　　　　　　　在产品数量：

摘　要	数量	材料费用	人工费用	燃料动力	制造费用	合计
期初在产品成本						
本期生产费用						
生产费用合计						
完工产品成本						
单位成本						
期末在产品成本						

17. 登记乙产品成本明细账，计算乙产品成本

表 6-41　　　　　　　　　　　乙产品成本计算单

车间名称：　　　　　　　　　20　年　　月　　　　　　　完工数量：
产品名称：　　　　　　　　　　　　　　　　　　　　　　在产品数量：

摘　要	数量	材料费用	人工费用	燃料动力	制造费用	合计
期初在产品成本						
本期生产费用						
生产费用合计						
完工产品成本						
单位成本						
期末在产品成本						

18. 登记丙产品成本明细账,计算丙产品成本

表 6-42　　　　　　　　　　丙产品成本计算单

车间名称:　　　　　　　　　　20　年　月　　　　　　　　　完工数量:
产品名称:　　　　　　　　　　　　　　　　　　　　　　　　在产品数量:

摘　要	数量	材料费用	人工费用	燃料动力	制造费用	合计
期初在产品成本						
本期生产费用						
生产费用合计						
完工数量						
月末在产品约当产量						
费用分配产量合计						
分配率						
完工产品成本						
单位成本						
期末在产品成本						

19. 登记丁产品成本明细账,计算丁产品成本

表 6-43　　　　　　　　　　丁产品成本计算单

车间名称:　　　　　　　　　　20　年　月　　　　　　　　　完工数量:
产品名称:　　　　　　　　　　　　　　　　　　　　　　　　在产品数量:

摘　要	数量	材料费用	人工费用	燃料动力	制造费用	合计
期初在产品成本						
本期生产费用						
生产费用合计						
完工数量						
月末在产品约当产量						
费用分配产量合计						
分配率						
完工产品成本						
单位成本						
期末在产品成本						

编制完工产品入库的会计分录。

第七章 分批法

实训一 分批法

实训目的 检验学生在分批法下计算产品成本的程序的理解和运用。
实训重点和难点 分批法下计算产品成本的方法。

一、实训资料

红光家具厂属于小批量生产企业,按照客户的订单组织生产。该企业设有1个基本生产车间和2个辅助生产车间机修车间和运输车间。基本生产车间的生产分3个工序——板材加工、油漆加工和组装加工。材料为分工序陆续投入,其中板材车间应投放的材料占完工产品应投材料的60%,油漆车间应投放的材料占完工产品应投材料的30%,组装车间应投放的材料占完工产品应投材料的10%。有2个辅助生产车间机修车间和运输车间,为基本生产车间和其他部门提供服务。该企业的辅助生产车间不单独核算制造费用。该企业的辅助生产费用采用直接分配法进行分配。产品成本等整批产品完工后计算。但如果有跨月陆续完工的情况,提前完工的产品则按照计划成本转出,等全批产品完工后再重新计算本批产品的总成本和单位成本。以下是该企业20××年3月的生产资料。

1. 3月初在产品成本

表7-1　　　　　　　　　月初的在产品成本
20××年3月　　　　　　　　　　　　　　　　单位:元

项 目	月初在产品成本			
	直接材料	直接人工	制造费用	合计
0101	85 686	2 368	3 289	91 343
0208	45 784	1 247	1 654	48 685
合计	131 470	3 615	4 943	140 028

2. 各生产批次的情况

0101批五门立柜:20件,1月份投产,本月份全部完工。
0208批儿童床:40件,1月份投产,本月份完工25件,其余未完工。
0303批梳妆台:10件,3月份投产,本月全部未完工。
0305批书柜:8件,3月份投产,本月全部完工。

3. 0208批儿童床的计划单位成本资料

表 7-2　　　　　　　　　　**0208批儿童床的计划单位成本**

20××年3月　　　　　　　　　　　　　　　　　单位:元

成本项目	直接材料	直接人工	制造费用	合计
0208 批	1 256	468	384	2 108

4. 本月发生的材料费用

表 7-3　　　　　　　　　　**材料费用汇总表**

20××年3月　　　　　　　　　　　　　　　　　单位:元

项　目		原材料				辅助材料			合计
		黑胡桃板材	松木板材	油漆	合计	修理用备件	低值易耗品	合计	
基本生产产品用	0101 批				0			0	0
	0208 批		3 268		3 268			0	3 268
	0303 批	139 860			139 860			0	139 860
	0305 批		126 876	2 678	129 554		848	848	130 402
基本生产车间用				258	258		158	158	416
辅助生产车间用	机修车间					2 346	264	2 610	2 610
	运输车间						586	586	586
管理部门用							248	248	248
合计		139 860	126 876	6 204	272 940	2 346	2 104	4 450	277 390

5. 本月薪酬费用

按照工资总额的14%和12%分别提取职工福利、养老保险,假设该企业不提取其他费用。

表 7-4　　　　　　　　　　**薪酬费用汇总表**

20××年3月　　　　　　　　　　　　　　　　　单位:元

部　门		人员类别	基本工资	岗位津贴	浮动奖金	交通/通讯等补助	病假扣款	事假扣款	工资奖金津贴合计
基本生产车间		生产工人	28 636	1 256	1 450	258	100		31 500
		管理人员	1 648	432	562	278		280	2 640
辅助生产车间	机修车间	生产工人	5 680	1 245	365	180			7 470
		管理人员	1 845	1 245	268	158	120		3 396
	运输车间	生产工人	4 748	1 356	348	126			6 578
		管理人员	1 456	1 086	246	154			2 942
厂部		管理人员	2 866	1 528	542	468		400	5 004
合计			46 879	8 148	3 781	1 622	220	680	59 530

6. 本月固定资产情况

表 7-5 固定资产情况表

20××年3月　　　　　　　　　　　　　　　　　　单位：元

部　门		资产类型	折旧率	资产类型	折旧率	合计
		房屋建筑物	0.30%	机器设备	0.80%	
		原值	月折旧额	原值	月折旧额	
基本生产车间		150 000.00		163 450.00		
辅助生产车间	机修车间	123 400.00		46 840.00		
	运输车间	156 280.00		32 568.00		
行政管理部门		234 680.00				
合计		664 360.00		242 858.00		

7. 本月用银行存款支付的其他费用

表 7-6 其他费用表

20××年3月　　　　　　　　　　　　　　　　　　单位：元

部门	办公费	差旅费	财产保险费	其他	合计
基本生产车间	1 256	658	1 200	368	3 482
机修车间	1 040	236	800	258	2 334
运输车间	1 204	258	900	435	2 797
行政管理部门	2 688	1 286	2 000	268	6 242
合计	6 188	2 438	4 900	1 329	14 855

8. 本月各个批次的产品生产工时

表 7-7 生产工时情况表

20××年3月

产　品	生 产 工 时
0101批五门立柜	300
0208批儿童床	270
0303批梳妆台	220
0305批书柜	210
合计	1 000

9. 本月辅助生产车间的劳务量

表 7-8 辅助生产车间的劳务量表

20　年　月

受益部门	机修车间（小时）	运输车间（千米）
机修车间		800
运输车间	50	

(续表)

受益部门	机修车间(小时)	运输车间(千米)
基本生产车间	1 800	25 000
管理部门	200	15 000
合计	2 050	40 800

二、实训要求

(1) 根据材料费用汇总表编制材料费用分配表,并编制会计分录。
(2) 根据薪酬费用汇总表编制薪酬费用分配表,并编制会计分录。
(3) 根据固定资产情况表编制折旧计算表,并编制会计分录。
(4) 编制其他费用分配的会计分录。
(5) 登记辅助生产成本——机修车间明细账。
(6) 登记辅助生产成本——运输车间明细账。
(7) 采用直接分配法分配辅助生产费用,并编制会计分录。
(8) 登记基本生产车间制造费用明细账。
(9) 编制制造费用分配表,并编制会计分录。
(10) 登记各个批次的产品成本明细账,计算各个批次的产品成本。其中0208批本月完工的产品成本按照计划成本进行结转。
(11) 编写相关会计分录。

三、实训用表

1. 编制材料费用分配表

表7-9　　　　　　　　　　　**材料费用分配表**

20××年3月　　　　　　　　　　　　　　　　　　单位:元

应借账户		成本项目	金额
基本生产成本	0101 批五门立柜	直接材料	
	0208 批儿童床	直接材料	
	0303 批梳妆台	直接材料	
	0305 批书柜	直接材料	
	小计		
辅助生产成本	机修车间	材料	
	运输车间	材料	
	小计		
制造费用	基本生产车间	材料	
管理部门用		材料	
	合计		

编制会计分录:

2. 编制职工薪酬分配表

表 7-10　　　　　　　　　职工薪酬分配表

20　　年　　月　　　　　　　　　　　　　　　　单位：元

应借账户		工资分配					提取14%福利费	提取12%养老保险	合计
		工人工资分配记录			直接计入工资	小计			
		生产工时	分配率	分配金额					
基本生产成本	0101 批五门立柜								
	0208 批儿童床								
	0303 批梳妆台								
	0305 批儿童床								
	小计								
辅助生产成本	机修车间								
	运输车间								
	小计								
制造费用	基本生产车间								
	小计								
行政管理部门									
合计									

编制会计分录：

3. 提取折旧计算表

表 7-11　　　　　　　　　固定资产折旧计算表

20××年3月　　　　　　　　　　　　　　　单位:元

部门		资产类型	折旧率	资产类型	折旧率	合计
		房屋建筑物	0.30%	机器设备	0.80%	
		原值	月折旧额	原值	月折旧额	
基本生产车间		150 000.00		163 450.00		
辅助生产车间	机修车间	123 400.00		46 840.00		
	运输车间	156 280.00		32 568.00		
行政管理部门		234 680.00				
合计		664 360.00		242 858.00		

编制会计分录：

4. 编制分配其他费用的会计分录

5. 登记辅助生产成本——机修车间明细账

表 7-12　　　　　　　　　　　辅助生产成本明细账
户名：　　　　　　　　　　　　20××年3月　　　　　　　　　　　　单位：元

年		凭证		摘要	借方金额分析						合计	贷方	余额
月	日	字	号		原材料	工资费用	折旧费	保险费	办公费	其他费用			
			合 计										

6. 登记辅助生产成本——运输车间明细账

表 7-13　　　　　　　　　　　辅助生产成本明细账
户名：　　　　　　　　　　　　20××年3月　　　　　　　　　　　　单位：元

年		凭证		摘要	借方金额分析						合计	贷方	余额
月	日	字	号		原材料	工资费用	折旧费	保险费	办公费	其他费用			
			合 计										

7. 编制辅助生产费用分配表

表 7-14 辅助生产费用分配表（直接分配法）

20××年3月　　　　　　　　　　　　　　　单位：

项　目		机修车间	运输车间	合计
待分配费用				
对外提供劳务量				
分配率				
基本生产车间	耗用数量			
	分配金额			
管理部门	耗用数量			
	分配金额			
合　计				

编制会计分录：

8. 登记基本生产车间制造费用明细账

表 7-15　　　　　　　　　制造费用明细账

户名：　　　　　　　　　　20　年　月　　　　　　　　　　单位：元

年		凭证		摘要	借方金额分析						合计	贷方	余额
月	日	字	号		原材料	工资费用	折旧费	其他费用	修理费	运输费			
			合计										

9. 编制制造费用分配表

表 7-16　　　　　　　　　制造费用分配表

20××年3月　　　　　　　　　　　　　　　　单位：元

产品名称	生产工时	分配率	金额
0101 批五门立柜			
0208 批儿童床			
0303 批梳妆台			
0305 批儿童床			
合计			

编制会计分录：

10. 登记 0101 号产品成本明细账

表 7-17　　　　　　　　　产品成本明细账

产品批号：0101　　　　　　　投产日期：
产品名称：　　　　　　　　　完工日期：　　　　　　　　　　批量：

摘　要	数量	材料费用	人工费用	制造费用	合计
期初在产品成本					
本期生产费用					
生产费用合计					
本批所有产品成本					
单位成本					
期末在产品成本					

11. 登记 0208 号产品成本明细账

表 7-18　　　　　　　　　产品成本明细账

产品批号：0208　　　　　　　投产日期：
产品名称：　　　　　　　　　完工日期：　　　　　　　　　　批量：

摘　要	数量	材料费用	人工费用	制造费用	合计
期初在产品成本					
本期生产费用					
生产费用合计					
本月完工产品成本					
单位产品计划成本					
期末在产品成本					

12. 登记0303号产品成本明细账

表7-19 　　　　　　　　　　产品成本明细账

产品批号：0303　　　　　　　投产日期：

产品名称：　　　　　　　　　　完工日期：　　　　　　　　　　批量：

摘　要	数量	材料费用	人工费用	制造费用	合计
期初在产品成本					
本期生产费用					
生产费用合计					

13. 登记0305号产品成本明细账

表7-20 　　　　　　　　　　产品成本明细账

产品批号：0305　　　　　　　投产日期：

产品名称：　　　　　　　　　　完工日期：　　　　　　　　　　批量：

摘　要	数量	材料费用	人工费用	制造费用	合计
期初在产品成本					
本期生产费用					
生产费用合计					
本月完工产品成本					
单位成本					
期末在产品成本					

编制各批完工产品入库的会计分录。

实训二　简化的分批法

实训目的　检验学生对简化分批法的理解和运用。

实训重点和难点　基本生产成本二级账的登记方法、累计间接费用分配率的计算。

一、实训资料

晶晶公司是一家小型机械零件制造厂，按照客户订单分批次加工多种机器零件。由于每月投入加工的批次众多，而每到月末未完工的批次也总是很多，所以，为了简化产品成本核算工作，该企业一直采用简化的分批法计算产品成本。20××年4月份该企业的产品批号及生产情况如下所述。

1. 各个批次的产量表

表7-21 　　　　　　　　　产　量　表

20××年4月

产品批号	产品名称	投产日期	投入批量	本月完工数量	本月在产品数量
201	A零件	2月1日	120	120	0
217	B零件	2月17日	110	40	70

(续表)

产品批号	产品名称	投产日期	投入批量	本月完工数量	本月在产品数量
303	C零件	3月3日	40		40
315	D零件	3月15日	50		50
401	E零件	4月1日	60		60
405	F零件	4月5日	65		65
410	G零件	4月10日	80	80	0

2. 基本生产成本二级账

基本生产成本二级账累计数据如下：2月份各批产品应负担的职工薪酬为21 785元，3月份为23 898元，4月份为47 167元；

2月份的制造费用为11 842元，3月份为11 626元，4月份为38 432元。

3. 各个批次的生产工时和材料费用

表7-22　　　　　　　　　生产工时和材料费用表
20××年4月

月份	批号	产品名称	生产工时	材料费用
2月	201	A零件	1 500	1 680
2月	217	B零件	800	2 200
3月	201	A零件	1 400	2 470
3月	217	B零件	1 200	
3月	303	C零件	1 800	2 876
3月	315	D零件	925	4 526
4月	201	A零件	300	3 468
4月	217	B零件	460	
4月	303	C零件	1 500	2 486
4月	315	D零件	1 200	2 312
4月	401	E零件	1 250	1 258
4月	405	F零件	1 140	13 480
4月	410	G零件	2 000	46 800

二、实训要求

（1）按照批次设置基本生产成本明细账，并登记期初余额。

（2）设置基本生产成本二级账，登记期初余额。

（3）217批B零件的材料是在生产开始时一次性投入的，生产工时在完工产品和在产品之间的分配采用约当产量比例法，在产品的完工率为60%。

（4）登记各个批次明细账，采用简化的分批法计算本月完工产品成本。

三、实训用表

表 7-23　　　　　　　　　　　基本生产成本二级账

20××年		凭证	摘要	生产工时	成本项目			合计
月	日				直接材料	直接人工	制造费用	
4	1	(略)	期初生产工时和在产品成本					
4	30	(略)	本月生产费用及生产工时					
	30		累计数					
	30		累计间接费用分配率					
	30		本月完工产品转出					
	30		期末生产工时和在产品成本					

表 7-24　　　　　　　　　　　201 批成本明细账

产品批号：　　　　　　　　　　产品名称：　　　　　　　　　　产品批量：
投产日期：　　　　　　　　　　完工日期：　　　　　　　　　　完工件数：

20××年		凭证	摘要	生产工时	成本项目			合计
月	日				直接材料	直接人工	制造费用	
2	28	(略)	本月材料费用及生产工时					
3	31	(略)	本月材料费用及生产工时					
4	30	(略)	本月材料费用及生产工时					
	30		累计数					
	30		累计间接费用分配率					
	30		本月完工产品转出					
	30		完工产品单位成本					

表 7-25　　　　　　　　　　　217 批产品成本明细账

产品批号：　　　　　　　　　　产品名称：　　　　　　　　　　产品批量：
投产日期：　　　　　　　　　　完工日期：　　　　　　　　　　完工件数：

20××年		凭证	摘要	生产工时	成本项目			合计
月	日				直接材料	直接人工	制造费用	
2	28	(略)	本月材料费用及生产工时					
3	31	(略)	本月材料费用及生产工时					
4	30	(略)	本月材料费用及生产工时					
	30		累计数					
	30		累计间接费用分配率					
	30		本月完工产品转出					
	30		完工产品单位成本					

表 7-26　　　　　　　　　　　　303 批产品成本明细账

产品批号：　　　　　　　　　　产品名称：　　　　　　　　　　产品批量：
投产日期：　　　　　　　　　　完工日期：　　　　　　　　　　完工件数：

20××年		凭证	摘要	生产工时	成本项目			合计
月	日				直接材料	直接人工	制造费用	
3	31	（略）	本月材料费用及生产工时					
4	30	（略）	本月材料费用及生产工时					

表 7-27　　　　　　　　　　　　315 批产品成本明细账

产品批号：　　　　　　　　　　产品名称：　　　　　　　　　　产品批量：
投产日期：　　　　　　　　　　完工日期：　　　　　　　　　　完工件数：

20××年		凭证	摘要	生产工时	成本项目			合计
月	日				直接材料	直接人工	制造费用	
3	31	（略）	本月材料费用及生产工时					
4	30	（略）	本月材料费用及生产工时					

表 7-28　　　　　　　　　　　　401 批产品成本明细账

产品批号：　　　　　　　　　　产品名称：　　　　　　　　　　产品批量：
投产日期：　　　　　　　　　　完工日期：　　　　　　　　　　完工件数：

20××年		凭证	摘要	生产工时	成本项目			合计
月	日				直接材料	直接人工	制造费用	
4	30	（略）	本月材料费用及生产工时					

表 7-29　　　　　　　　　　　　405 批产品成本明细账

产品批号：　　　　　　　　　　产品名称：　　　　　　　　　　产品批量：
投产日期：　　　　　　　　　　完工日期：　　　　　　　　　　完工件数：

20××年		凭证	摘要	生产工时	成本项目			合计
月	日				直接材料	直接人工	制造费用	
4	30	（略）	本月材料费用及生产工时					

表 7-30　　　　　　　　　　　　410 批产品成本明细账

产品批号：　　　　　　　　　　产品名称：　　　　　　　　　　产品批量：
投产日期：　　　　　　　　　　完工日期：　　　　　　　　　　完工件数：

20××年		凭证	摘要	生产工时	成本项目			合计
月	日				直接材料	直接人工	制造费用	
4	30	（略）	本月材料费用及生产工时					
	30		累计数					
	30		累计间接费用分配率					
	30		本月完工产品转出					
	30		完工产品单位成本					

第八章 分步法

实训一 逐步结转分步法

实训目的 在采用逐步结转分步法的情况下,能够熟悉计算产品成本的程序,掌握计算过程,熟悉各种要素费用分配表的编制和产品成本明细账的登记和产品成本的计算,综合提升成本计算的能力。

实训重点和难点 综合结转分步法下半成品成本的计算,半成品入库、出库明细账的登记,成本还原的计算。

一、企业基本情况介绍

(一)生产情况

海华设备制造公司是一家生产机床设备的企业。该公司设有3个基本生产车间和2个辅助生产车间,主要生产铣床和刨床两种产品。产品顺序经过3个车间加工而成,生产工艺流程是:铸造车间根据生产计划浇铸铣床和刨床的各种铸件,经检验合格后送交自制半成品仓库;加工车间分别从仓库领用各种铸件,经不同工序加工制成各种不同的铣床和刨床的零部件,直接送交装配车间;装配车间将收到的零部件连同由仓库领来的外购件等组装成各种机床,经检验合格后送交成品仓库。该企业还设有机修和供汽两个辅助生产车间,为基本生产车间和管理部门提供维修和供汽服务。为简化核算,有一些原始凭证从略,不再给出。

(二)成本核算要求

(1)产品计算方法采用逐步结转分步法。铸造车间和加工车间的半成品均通过半成品库收发。半成品的结转方法采用综合结转法,半成品的发出采用全月一次加权平均法计价。

(2)各个生产步骤的生产费用在完工产品和在产品之间的分配均采用约当产量比例法。各车间在产品的完工率均为本车间的50%。

(3)铸造车间的原材料在生产开始时一次性投入,加工车间领用的自制半成品在生产开始时一次性投入,领用的原材料陆续投入,且与加工进度一致;组装车间领用的自制半成品在生产开始时一次性投入,领用的原材料陆续投入,且与加工进度一致。

(4)辅助生产车间只设置辅助生产成本账户,不单独核算制造费用。机修车间委托天津富华修理厂劳务费用先归集到机修分厂的成本里,月末随机修分厂的费用一起进行分配。辅助生产费用的分配采用计划成本分配法。

(5)制造费用按照生产车间进行归集,月末按照定额工时在各受益对象之间进行分配。

(6)产品所耗用的电费和耗用的蒸汽费用都计入基本生产成本的"燃料及动力"。

二、实训资料

（一）该企业 12 月份各个部门领用材料的单据

表 8-1

领 料 单

领料部门：铸造车间　　　　　　　开票日期　20××年12月5日　　　　　　　　NO：002347

材料编号	材料名称	规格	单位	请领数量	实发数量	计划单价	计划总金额
1001	生铁		吨	30	30	2 400	72 000
用途	铣床	发料部门			领料部门		
		核准人	发料人		负责人	领料人	
			王清			赵军	

表 8-2

领 料 单

领料部门：铸造车间　　　　　　　开票日期　20××年12月5日　　　　　　　　NO：002348

材料编号	材料名称	规格	单位	请领数量	实发数量	计划单价	计划总金额
2001	焦炭		吨	10	10	810	8 100
用途	铣床	发料部门			领料部门		
		核准人	发料人		负责人	领料人	
			王颖			张翔	

表 8-3

领 料 单

领料部门：铸造车间　　　　　　　开票日期　20××年12月5日　　　　　　　　NO：002349

材料编号	材料名称	规格	单位	请领数量	实发数量	计划单价	计划总金额
2002	煤		吨	9	9	600	5 400
用途	铣床	发料部门			领料部门		
		核准人	发料人		负责人	领料人	
			王颖			张翔	

表 8-4

领 料 单

领料部门：铸造车间　　　　　　　开票日期　20××年12月5日　　　　　　　　NO：002350

材料编号	材料名称	规格	单位	请领数量	实发数量	计划单价	计划总金额
1001	生铁		吨	20	20	2 400	48 000
用途	刨床	发料部门			领料部门		
		核准人	发料人		负责人	领料人	
			王清			赵军	

表8-5 领　料　单

领料部门：铸造车间　　　　　开票日期　20××年12月5日　　　　　NO：002351

材料编号	材料名称	规格	单位	请领数量	实发数量	计划单价	计划总金额
2001	焦炭		吨	12	12	810	9 720
用途	刨床		发料部门		领料部门		
		核准人	发料人		负责人	领料人	
			王颖			张翔	

表8-6 领　料　单

领料部门：铸造车间　　　　　开票日期　20××年12月5日　　　　　NO：002352

材料编号	材料名称	规格	单位	请领数量	实发数量	计划单价	计划总金额
2002	煤		吨	11	11	600	6 600
用途	刨床		发料部门		领料部门		
		核准人	发料人		负责人	领料人	
			王颖			张翔	

表8-7 领　料　单

领料部门：加工车间　　　　　开票日期　20××年12月5日　　　　　NO：002353

材料编号	材料名称	规格	单位	请领数量	实发数量	计划单价	计划总金额
1002	圆钢		吨	11	11	3 000	33 000
用途	铣床		发料部门		领料部门		
		核准人	发料人		负责人	领料人	
			王清			赵军	

表8-8 领　料　单

领料部门：加工车间　　　　　开票日期　20××年12月5日　　　　　NO：002354

材料编号	材料名称	规格	单位	请领数量	实发数量	计划单价	计划总金额
2001	焦炭		吨	5	5	810	4 050
用途	铣床		发料部门		领料部门		
		核准人	发料人		负责人	领料人	
			王颖			张翔	

表8-9 领　料　单

领料部门：加工车间　　　　　开票日期　20××年12月5日　　　　　NO：002355

材料编号	材料名称	规格	单位	请领数量	实发数量	计划单价	计划总金额
2002	煤		吨	5	5	600	3 000
用途	铣床		发料部门		领料部门		
		核准人	发料人		负责人	领料人	
			王颖			张翔	

表 8-10

领 料 单

领料部门:加工车间　　　开票日期　20××年12月5日　　　　　　NO:002356

材料编号	材料名称	规格	单位	请领数量	实发数量	计划单价	计划总金额
1002	圆钢		吨	15	15	3 000	45 000
用途	刨床		发料部门			领料部门	
		核准人	发料人		负责人	领料人	
			王清			赵军	

表 8-11

领 料 单

领料部门:加工车间　　　开票日期　20××年12月5日　　　　　　NO:002357

材料编号	材料名称	规格	单位	请领数量	实发数量	计划单价	计划总金额
2001	焦炭		吨	6	6	810	4 860
用途	刨床		发料部门			领料部门	
		核准人	发料人		负责人	领料人	
			王颖			张翔	

表 8-12

领 料 单

领料部门:加工车间　　　开票日期　20××年12月5日　　　　　　NO:002358

材料编号	材料名称	规格	单位	请领数量	实发数量	计划单价	计划总金额
2002	煤		吨	7	7	600	4 200
用途	刨床		发料部门			领料部门	
		核准人	发料人		负责人	领料人	
			王颖			张翔	

表 8-13

领 料 单

领料部门:装配车间　　　开票日期　20××年12月5日　　　　　　NO:002359

材料编号	材料名称	规格	单位	请领数量	实发数量	计划单价	计划总金额
3001	轴承1		套	200	200	160	32 000
用途	铣床		发料部门			领料部门	
		核准人	发料人		负责人	领料人	
			李立			王江	

表 8-14

领 料 单

领料部门:装配车间　　　开票日期　20××年12月5日　　　　　　NO:002360

材料编号	材料名称	规格	单位	请领数量	实发数量	计划单价	计划总金额
3002	轴承2		套	300	300	110	33 000
用途	刨床		发料部门			领料部门	
		核准人	发料人		负责人	领料人	
			李立			王江	

表 8-15　　　　　　　　　　　　　　　领　料　单

领料部门：装配车间　　　　　开票日期　20××年12月5日　　　　　　NO：002361

材料编号	材料名称	规格	单位	请领数量	实发数量	计划单价	计划总金额
4001	润滑油		千克	25	25	4	100
用途	铣床	发料部门			领料部门		
		核准人	发料人		负责人	领料人	
			王颖			张翔	

表 8-16　　　　　　　　　　　　　　　领　料　单

领料部门：装配车间　　　　　开票日期　20××年12月5日　　　　　　NO：002362

材料编号	材料名称	规格	单位	请领数量	实发数量	计划单价	计划总金额
4001	润滑油		千克	45	45	4	180
用途	刨床	发料部门			领料部门		
		核准人	发料人		负责人	领料人	
			王颖			张翔	

表 8-17　　　　　　　　　　　　　　　领　料　单

领料部门：装配车间　　　　　开票日期　20××年12月5日　　　　　　NO：002363

材料编号	材料名称	规格	单位	请领数量	实发数量	计划单价	计划总金额
4002	螺丝螺母		套	100	100	2.1	210
用途	铣床	发料部门			领料部门		
		核准人	发料人		负责人	领料人	
			王颖			张翔	

表 8-18　　　　　　　　　　　　　　　领　料　单

领料部门：装配车间　　　　　开票日期　20××年12月5日　　　　　　NO：002364

材料编号	材料名称	规格	单位	请领数量	实发数量	计划单价	计划总金额
4002	螺丝螺母		套	200	200	2.1	420
用途	刨床	发料部门			领料部门		
		核准人	发料人		负责人	领料人	
			王颖			张翔	

表 8-19　　　　　　　　　　　　　　　领　料　单

领料部门：铸造车间　　　　　开票日期　20××年12月12日　　　　　NO：002365

材料编号	材料名称	规格	单位	请领数量	实发数量	计划单价	计划总金额
4001	工具		个	9	9	120	1 080
用途	车间用	发料部门			领料部门		
		核准人	发料人		负责人	领料人	
			王清			赵军	

表 8-20　　　　　　　　　　　领　料　单

领料部门：加工车间　　　　　开票日期　20××年12月12日　　　　　　　NO：002366

材料编号	材料名称	规格	单位	请领数量	实发数量	计划单价	计划总金额
4001	工具		个	25	25	120	3 000
用途	车间用	\multicolumn{3}{c}{发料部门}			领料部门	
		核准人	发料人		负责人		领料人
			王清				赵军

表 8-21　　　　　　　　　　　领　料　单

领料部门：装配车间　　　　　开票日期　20××年12月12日　　　　　　　NO：002367

材料编号	材料名称	规格	单位	请领数量	实发数量	计划单价	计划总金额
4001	工具		个	10	10	120	1 200
用途	车间用		发料部门			领料部门	
		核准人	发料人		负责人		领料人
			王清				赵军

表 8-22　　　　　　　　　　　领　料　单

领料部门：机修车间　　　　　开票日期　20××年12月12日　　　　　　　NO：002368

材料编号	材料名称	规格	单位	请领数量	实发数量	计划单价	计划总金额
4001	工具		个	15	15	120	1 800
用途	车间用		发料部门			领料部门	
		核准人	发料人		负责人		领料人
			王清				赵军

表 8-23　　　　　　　　　　　领　料　单

领料部门：供汽车间　　　　　开票日期　20××年12月12日　　　　　　　NO：002369

材料编号	材料名称	规格	单位	请领数量	实发数量	计划单价	计划总金额
4001	工具		个	6	6	120	720
用途	车间用		发料部门			领料部门	
		核准人	发料人		负责人		领料人
			王清				赵军

表 8-24　　　　　　　　　　　领　料　单

领料部门：铸造车间　　　　　开票日期　20××年12月12日　　　　　　　NO：002370

材料编号	材料名称	规格	单位	请领数量	实发数量	计划单价	计划总金额
4002	手套		打	20	20	90	1 800
用途	车间用		发料部门			领料部门	
		核准人	发料人		负责人		领料人
			王清				赵军

表 8-25

领 料 单

领料部门：加工车间　　　　开票日期　20××年12月12日　　　　　　NO：002371

材料编号	材料名称	规格	单位	请领数量	实发数量	计划单价	计划总金额
4002	手套		打	30	30	90	2 700
用途	车间用	发料部门			领料部门		
^	^	核准人	发料人		负责人	领料人	
^	^		王清			赵军	

表 8-26

领 料 单

领料部门：供汽车间　　　　开票日期　20××年12月12日　　　　　　NO：002372

材料编号	材料名称	规格	单位	请领数量	实发数量	计划单价	计划总金额
4002	手套		打	5	5	90	450
用途	车间用	发料部门			领料部门		
^	^	核准人	发料人		负责人	领料人	
^	^		王清			赵军	

表 8-27

领 料 单

领料部门：机修车间　　　　开票日期　20××年12月12日　　　　　　NO：002373

材料编号	材料名称	规格	单位	请领数量	实发数量	计划单价	计划总金额
4002	手套		打	4	4	90	360
用途	车间用	发料部门			领料部门		
^	^	核准人	发料人		负责人	领料人	
^	^		王清			赵军	

表 8-28

领 料 单

领料部门：装配车间　　　　开票日期　20××年12月12日　　　　　　NO：002374

材料编号	材料名称	规格	单位	请领数量	实发数量	计划单价	计划总金额
4002	手套		打	10	10	90	900
用途	车间用	发料部门			领料部门		
^	^	核准人	发料人		负责人	领料人	
^	^		王清			赵军	

表 8-29

领 料 单

领料部门：铸造车间　　　　开票日期　20××年12月12日　　　　　　NO：002375

材料编号	材料名称	规格	单位	请领数量	实发数量	计划单价	计划总金额
4003	工作服		套	8	8	200	1 600
用途	车间用	发料部门			领料部门		
^	^	核准人	发料人		负责人	领料人	
^	^		王清			赵军	

表 8-30　　　　　　　　　　　　　　　领　料　单
领料部门:加工车间　　　　开票日期　20××年12月12日　　　　　　NO:002376

材料编号	材料名称	规格	单位	请领数量	实发数量	计划单价	计划总金额
4003	工作服		套	10	10	200	2 000
用途	车间用	发料部门			领料部门		
		核准人	发料人		负责人	领料人	
			王清			赵军	

表 8-31　　　　　　　　　　　　　　　领　料　单
领料部门:装配车间　　　　开票日期　20××年12月12日　　　　　　NO:002377

材料编号	材料名称	规格	单位	请领数量	实发数量	计划单价	计划总金额
4003	工作服		套	15	15	200	3 000
用途	车间用	发料部门			领料部门		
		核准人	发料人		负责人	领料人	
			王清			赵军	

表 8-32　　　　　　　　　　　　　　　领　料　单
领料部门:机修车间　　　　开票日期　20××年12月12日　　　　　　NO:002378

材料编号	材料名称	规格	单位	请领数量	实发数量	计划单价	计划总金额
4003	工作服		套	10	10	200	2 000
用途	车间用	发料部门			领料部门		
		核准人	发料人		负责人	领料人	
			王清			赵军	

表 8-33　　　　　　　　　　　　　　　领　料　单
领料部门:供汽车间　　　　开票日期　20××年12月12日　　　　　　NO:002379

材料编号	材料名称	规格	单位	请领数量	实发数量	计划单价	计划总金额
4003	工作服		套	6	6	200	1 200
用途	车间用	发料部门			领料部门		
		核准人	发料人		负责人	领料人	
			王清			赵军	

表 8-34　　　　　　　　　　　　　　　领　料　单
领料部门:厂部　　　　　　开票日期　20××年12月12日　　　　　　NO:002380

材料编号	材料名称	规格	单位	请领数量	实发数量	计划单价	计划总金额
4003	工作服		套	10	10	200	2 000
用途	厂部用	发料部门			领料部门		
		核准人	发料人		负责人	领料人	
			王清			赵军	

表 8-35

领　料　单

领料部门：销售部　　　　　　开票日期　20××年12月12日　　　　　　NO：002381

材料编号	材料名称	规格	单位	请领数量	实发数量	计划单价	计划总金额
4003	工作服		套	6	6	200	1 200
用途	销售部门用	\multicolumn{3}{c}{发料部门}		\multicolumn{3}{c}{领料部门}		
		核准人	发料人		负责人		领料人	
			王清				赵军	

表 8-36

领　料　单

领料部门：铸造车间　　　　　开票日期　20××年12月22日　　　　　　NO：002382

材料编号	材料名称	规格	单位	请领数量	实发数量	计划单价	计划总金额
1001	生铁		吨	10	10	2 400	24 000
用途	铣床	核准人	发料人	负责人	领料人		
			王清		赵军		

表 8-37

领　料　单

领料部门：铸造车间　　　　　开票日期　20××年12月22日　　　　　　NO：002383

材料编号	材料名称	规格	单位	请领数量	实发数量	计划单价	计划总金额
2001	焦炭		吨	10	10	810	8 100
用途	铣床	核准人	发料人	负责人	领料人		
			李玉		陈一一		

表 8-38

领　料　单

领料部门：铸造车间　　　　　开票日期　20××年12月22日　　　　　　NO：002384

材料编号	材料名称	规格	单位	请领数量	实发数量	计划单价	计划总金额
2002	煤		吨	5	5	600	3 000
用途	铣床	核准人	发料人	负责人	领料人		
			李玉		陈一一		

表 8-39

领　料　单

领料部门：铸造车间　　　　　开票日期　20××年12月22日　　　　　　NO：002385

材料编号	材料名称	规格	单位	请领数量	实发数量	计划单价	计划总金额
1001	生铁		吨	10	10	2 400	24 000
用途	刨床	核准人	发料人	负责人	领料人		
			王清		赵军		

表 8-40

领 料 单

领料部门:铸造车间　　　　开票日期 20××年12月22日　　　　NO:002386

材料编号	材料名称	规格	单位	请领数量	实发数量	计划单价	计划总金额
2001	焦炭		吨	6	6	810	4 860
用途	刨床	发料部门			领料部门		
		核准人	发料人		负责人	领料人	
			李玉			陈一一	

表 8-41

领 料 单

领料部门:铸造车间　　　　开票日期 20××年12月22日　　　　NO:002387

材料编号	材料名称	规格	单位	请领数量	实发数量	计划单价	计划总金额
2002	煤		吨	10	10	600	6 000
用途	刨床	发料部门			领料部门		
		核准人	发料人		负责人	领料人	
			李玉			陈一一	

表 8-42

领 料 单

领料部门:加工车间　　　　开票日期 20××年12月22日　　　　NO:002388

材料编号	材料名称	规格	单位	请领数量	实发数量	计划单价	计划总金额
1002	圆钢		吨	10	10	3 000	30 000
用途	铣床	发料部门			领料部门		
		核准人	发料人		负责人	领料人	
			王清			赵军	

表 8-43

领 料 单

领料部门:加工车间　　　　开票日期 20××年12月22日　　　　NO:002389

材料编号	材料名称	规格	单位	请领数量	实发数量	计划单价	计划总金额
2001	焦炭		吨	5	5	810	4 050
用途	铣床	发料部门			领料部门		
		核准人	发料人		负责人	领料人	
			李玉			陈一一	

表 8-44

领 料 单

领料部门:加工车间　　　　开票日期 20××年12月22日　　　　NO:002390

材料编号	材料名称	规格	单位	请领数量	实发数量	计划单价	计划总金额
2002	煤		吨	6	6	600	3 600
用途	铣床	发料部门			领料部门		
		核准人	发料人		负责人	领料人	
			李玉			陈一一	

表 8-45 领 料 单

领料部门:加工车间　　　　　开票日期 20××年12月22日　　　　　NO:002391

材料编号	材料名称	规格	单位	请领数量	实发数量	计划单价	计划总金额
1002	圆钢		吨	11	11	3 000	33 000
用途	刨床	发料部门			领料部门		
		核准人	发料人		负责人	领料人	
			王清			赵军	

表 8-46 领 料 单

领料部门:加工车间　　　　　开票日期 20××年12月22日　　　　　NO:002392

材料编号	材料名称	规格	单位	请领数量	实发数量	计划单价	计划总金额
2001	焦炭		吨	7	7	810	5 670
用途	刨床	发料部门			领料部门		
		核准人	发料人		负责人	领料人	
			李玉			陈一一	

表 8-47 领 料 单

领料部门:加工车间　　　　　开票日期 20××年12月22日　　　　　NO:002393

材料编号	材料名称	规格	单位	请领数量	实发数量	计划单价	计划总金额
2002	煤		吨	7	7	600	4 200
用途	刨床	发料部门			领料部门		
		核准人	发料人		负责人	领料人	
			李玉			陈一一	

表 8-48 领 料 单

领料部门:装配车间　　　　　开票日期 20××年12月22日　　　　　NO:002394

材料编号	材料名称	规格	单位	请领数量	实发数量	计划单价	计划总金额
3001	轴承1		套	300	300	160	48 000
用途	铣床	发料部门			领料部门		
		核准人	发料人		负责人	领料人	
			李立			王江	

表 8-49 领 料 单

领料部门:装配车间　　　　　开票日期 20××年12月22日　　　　　NO:002395

材料编号	材料名称	规格	单位	请领数量	实发数量	计划单价	计划总金额
3002	轴承2		套	200	200	110	22 000
用途	刨床	发料部门			领料部门		
		核准人	发料人		负责人	领料人	
			李立			王江	

表 8-50

领 料 单

领料部门:装配车间　　　开票日期　20××年12月22日　　　　　NO:002396

材料编号	材料名称	规格	单位	请领数量	实发数量	计划单价	计划总金额
4001	油漆		千克	30	30	20	600
用途	铣床		发料部门		领料部门		
		核准人	发料人		负责人	领料人	
			李玉			陈一一	

表 8-51

领 料 单

领料部门:装配车间　　　开票日期　20××年12月22日　　　　　NO:002397

材料编号	材料名称	规格	单位	请领数量	实发数量	计划单价	计划总金额
4001	油漆		千克	50	50	20	1 000
用途	刨床		发料部门		领料部门		
		核准人	发料人		负责人	领料人	
			李玉			陈一一	

表 8-52

领 料 单

领料部门:装配车间　　　开票日期　20××年12月22日　　　　　NO:002398

材料编号	材料名称	规格	单位	请领数量	实发数量	计划单价	计划总金额
4002	包装箱		个	50	50	100	5 000
用途	铣床		发料部门		领料部门		
		核准人	发料人		负责人	领料人	
			李玉			陈一一	

表 8-53

领 料 单

领料部门:装配车间　　　开票日期　20××年12月22日　　　　　NO:002399

材料编号	材料名称	规格	单位	请领数量	实发数量	计划单价	计划总金额
4002	包装箱		个	30	30	100	3 000
用途	刨床		发料部门		领料部门		
		核准人	发料人		负责人	领料人	
			李玉			陈一一	

表 8-54

领 料 单

领料部门:机修分厂　　　开票日期　20××年12月22日　　　　　NO:002400

材料编号	材料名称	规格	单位	请领数量	实发数量	计划单价	计划总金额
1002	圆钢		吨	2	2	3 000	6 000
用途	维修设备		发料部门		领料部门		
		核准人	发料人		负责人	领料人	
			王清			赵军	

表 8-55　　　　　　　　　　　　　　　领　料　单

领料部门：机修分厂　　　　　开票日期 20××年12月22日　　　　　　NO：002401

材料编号	材料名称	规格	单位	请领数量	实发数量	计划单价	计划总金额
4001	润滑油		千克	100	100	4	400
用途	维修设备	发料部门				领料部门	
		核准人	发料人			负责人	领料人
			李玉				陈一一

知识链接：在大型企业中，如果一次性领料太多，材料会计人员可以根据各个部门到仓库领用材料时填制的领料单自己编制领料凭证汇总表。该表属于自制汇总原始凭证。在填制汇总原始凭证时，首先要看清领料部门，从而确定成本费用的归属部门。其次应该看清楚材料的用途，尤其是生产部门，从而决定是计入生产成本还是制造费用。

（二）各种材料的计划价格和本月成本差异率

原材料采用计划成本法进行核算，材料成本差异按1%，分类别进行计算。

表 8-56　　　　"原材料"明细账户计划单价和本月材料成本差异率

明细账户及材料名称	计量单位	计划单价	成本差异率
原料及主要材料			1%
生铁	吨	2 400	
圆钢	吨	3 000	
燃料			1%
煤	吨	600	
焦炭	吨	810	
外购半成品			1%
轴承1	套	160	
轴承2	套	110	
辅助材料			1%
油漆	千克	20	
润滑油	千克	4	
合计			

表 8-57　　　　"周转材料"明细账户计划单价和本月材料成本差异率

明细账户及材料名称	计量单位	计划单价	成本差异率
劳动保护用品			1%
工作服	套	200	
手套	双	80	
附件			1%
螺丝螺母	套	2	
工具	把	120	1%
包装箱	个	100	1%
合计			

(三) 本月职工薪酬汇总表

表 8-58

职工薪酬汇总表

20××年12月

部门	职员姓名	工资奖金津贴合计	医疗保险(8%)	养老保险(12%)	失业保险(2%)	工伤保险(1%)	生育保险(1%)	住房公积金(3.5%)	工会经费(2%)	教育经费(2.5%)	职工薪资总额
铸造车间	生产工人	91 234	7 298.72	10 948.08	1 824.68	912.34	912.34	3 193.19	1 824.68	2 280.85	120 428.88
	管理人员	32 456	2 596.48	3 894.72	649.12	324.56	324.56	1 135.96	649.12	811.4	42 841.92
加工车间	生产工人	82 126	6 570.08	9 855.12	1 642.52	821.26	821.26	2 874.41	1 642.52	2 053.15	108 406.32
	管理人员	25 120	2 009.6	3 014.4	502.4	251.2	251.2	879.2	502.4	628	33 158.4
装配车间	生产工人	65 682	5 254.56	7 881.84	1 313.64	656.82	656.82	2 298.87	1 313.64	1 642.05	86 700.24
	管理人员	19 866	1 589.28	2 383.92	397.32	198.66	198.66	695.31	397.32	496.65	26 223.12
机修车间	生产工人	32 000	2 560	3 840	640	320	320	1 120	640	800	42 240
	管理人员	8 400	672	1 008	168	84	84	294	168	210	11 088
供汽车间	生产工人	35 688	2 855.04	4 282.56	713.76	356.88	356.88	1 249.08	713.76	892.2	47 108.16
	管理人员	9 700	776	1 164	194	97	97	339.5	194	242.5	12 804
厂部	管理人员	124 500	9 960	14 940	2 490	1 245	1 245	4 357.5	2 490	3 112.5	164 340
销售部门	销售人员	24 560	1 964.8	2 947.2	491.2	245.6	245.6	859.6	491.2	614	32 419.2
合计		551 332	44 106.56	66 159.84	11 026.64	5 513.32	5 513.32	19 296.62	11 026.64	13 783.3	727 758.24

知识链接:

1. 职工薪酬核算的内容。

(1) 支付给职工的工资、奖金、津贴和补贴,指按照国家统计局的规定构成工资总额的计时工资、计件工资、支付给职工的超额劳动报酬和增收节支的劳动报酬、为了补偿职工特殊或额外的劳动消耗和因其他特殊原因支付给职工的津贴,以及为了保证职工工资水平不受影响支付给职工的物价补贴等。

(2) 职工福利费,指尚未实行分离办社会或主辅分离、辅业改制的企业内设的医务室、职工浴室、理发室、托儿所等集体福利机构人员的工资、医务经费,职工因公负伤赴外地就医路费、职工生活困难补助,以及按照国家规定开支的其他职工福利支出。

(3) 医疗保险费、养老保险费、失业保险费、工伤保险费和生育保险费等社会保险费,指企业按照国务院、各地方政府或企业年金计划规定的基准和比例计算,向社会保险经办机构缴纳的各项保险费用。企业为职工购买的商业保险也属于职工薪酬。

(4) 住房公积金,指企业按照国务院《住房公积金管理条例》规定的基准和比例计算,向住房公积金管理机构缴存的住房公积金。

(5) 工会经费和职工教育经费,指企业为了改善职工的文化生活,为职工学习先进技术和提高文化水平与业务素质,用于开展工会活动和职工教育及职业技能培训等的相关支出。

(6) 非货币性福利,指企业以自己的产品或外购商品发放给职工作为福利,企业提供给职工无偿使用自己拥有的资产或租赁资产供职工无偿使用等。

(7) 因解除与职工的劳动关系给予的补偿,指由于各种原因,企业在职工劳动合同尚未到期之前解除与职工的劳动关系,或者为鼓励职工自愿接受裁减而给予职工的经济补偿,即国际财务报告准则中所指的辞退福利。

(8) 其他与获得职工提供的服务相关的支出,如企业提供给职工以权益形式结算的认股权、以现金形式结算但以权益工具公允价值为基础确定的现金股票增值权等。

2. 职工应该在工资中向社保缴纳医疗保险、养老保险,并向住房公积金账户缴纳住房公积金,由单位代扣代缴。

3. 用住房公积金贷款购买个人住房的贷款利息可以税前扣除。

(四) 各部门用水情况

本月,用银行存款交纳企业所用的水费,增值税专用发票显示本月水费为47 850元,增值税额2 871元(税率6%),各个部门用水量如下所示。

表8-59　　　　　　　　　　用水量记录表
20××年12月27日

用水部门	用水量(吨)	用水部门	用水量(吨)
铸造车间	4 000	供汽车间	600
加工车间	2 000	销售部门	50
装配车间	1 000	厂部	550
机修车间	500	合计	8 700

记录员:张婷

（五）各部门用电情况

本月，用银行存款交纳企业所用的电费，增值税专用发票显示本月电费为31 200元，增值税额5 304元（税率17%），各个部门用电量如下所示。产品所耗用的电费计入基本生产成本的"燃料及动力"。

表 8-60　　　　　　　　　　　用电量记录表
20××年12月24日

用电部门	用电量（度）	用电部门	用电量（度）
铸造车间产品用电	4 000	机修车间用电	2 100
铸造车间照明用电	400	供汽车间用电	2 600
加工车间产品用电	6 000	销售部门用电	1 400
加工车间照明用电	500	厂部用电	1 000
装配车间产品用电	4 000	合计	24 000
装配车间照明用电	2 000		

记录员：张一岚

（六）劳务费用发生情况

本月29日，用银行存款支付给天津富华修理厂劳务费用24 000元，增值税额4 080元（此项费用要求先归集到机修分厂的成本里，月末随机修分厂的费用一起进行分配）。

（七）固定资产及其余额情况

本月固定资产及其余额情况如下所示，房屋建筑物月折旧率为0.42%，机器设备月折旧率为1.86%。

表 8-61　　　　　　　　　　　固定资产情况表
20××年12月

	项　目		11月30日期末余额
在用	铸造车间	房屋建筑物	410 000
		机器设备	520 000
		小计	930 000
	加工车间	房屋建筑物	350 000
		机器设备	460 000
		小计	810 000
	装配车间	房屋建筑物	300 000
		机器设备	480 000
		小计	780 000
	机修车间	房屋建筑物	180 000
		机器设备	240 000
		小计	420 000

(续表)

项目			11月30日期末余额
在用	供汽车间	房屋建筑物	430 000
		机器设备	320 000
		小计	750 000
	专设销售机构	房屋建筑物	330 000
		小计	330 000
	厂部管理机构	房屋建筑物	800 000
		机器设备	200 000
		小计	1 000 000
合计			5 020 000

（八）本月发生的其他费用情况

表8-62　　　　　　　　　　其他费用表

20××年12月

车间、部门		成本或费用项目	金额
基本生产车间	铸造车间	办公费	3 340
		差旅费	2 200
		保险费	3 400
		其他	1 500
		合计	10 440
	加工车间	办公费	3 500
		差旅费	150
		保险费	3 000
		其他	1 200
		合计	7 850
	装配车间	办公费	3 600
		差旅费	180
		保险费	2 400
		其他	1 500
		合计	7 680
辅助生产车间	机修车间	办公费	1 200
		差旅费	800
		保险费	1 300
		其他	1 200
		合计	4 500
	供汽车间	办公费	1 500
		差旅费	450

(续表)

车间、部门		成本或费用项目	金额
辅助生产车间	供汽车间	保险费	3 200
		其他	1 300
		合计	6 450
专设销售机构		办公费	1 500
		差旅费	4 800
		保险费	1 000
		其他	1 200
		合计	8 500
行政管理部门		办公费	8 000
		差旅费	5 600
		保险费	1 800
		其他	1 200
		合计	16 600
合计			62 020

（九）本月辅助生产车间的劳务量情况

表 8-63　　　　　　　　辅助生产提供的劳务量

20××年12月

辅助生产	铸造车间		加工车间		装配车间		机修车间	供汽车间	厂部	销售部门	合计
	生产用	管理用	生产用	管理用	生产用	管理用					
机修车间(小时)		2 000		3 000	4 200			1 000	200	800	11 200
供汽车间(吨)	12 000	2 100	15 000	2 500	10 000	1 000	2 000		3 000	1 000	48 600

机修车间的计划单位成本为9元,供汽车间的计划单位成本为1.8元,差异计入管理费用。产品所耗用的蒸汽费用计入基本生产成本的"燃料及动力"。

（十）本月各种产品的产量和工时定额情况

表 8-64　　　　　　　　产品工时定额

20××年12月

车间＼产品	铸造车间	加工车间	装配车间
铣床	3 800	3 400	4 200
刨床	1 200	2 600	3 800
合计	5 000	6 000	8 000

(十一)"基本生产成本"和"自制半成品"各明细账户期初余额情况

表 8-65   "生产成本"明细分类账户期初余额

20××年12月   单位:元

车间	成本项目 产品	自制半成品	直接材料	直接人工	燃料动力	制造费用	合计
铸造车间	铣床		31 268	23 894	5 706	22 879	83 747
	刨床		28 742	12 673	8 420	4 108	53 943
加工车间	铣床	114 382	34 876	28 654	7 548	19 256	204 716
	刨床	82 876	38 964	20 324	6 784	15 876	164 824
装配车间	铣床	32 654	4 387	2 456	685	2 560	42 742
	刨床	220 186	31 786	20 732	4 988	25 378	303 070
合计		450 098	170 023	108 733	34 131	90 057	853 042

表 8-66   "自制半成品"明细账户期初余额

车间	半成品	数量	金额
铸造车间半成品库	铣床	20	60 000
	刨床	30	51 028
加工车间半成品库	铣床	10	56 348
	刨床	22	89 124

(十二)各产品产量表

表 8-67   铣床产量情况表

20××年12月

项目	铸造车间	加工车间	装配车间
月初在产品数量	30	35	15
本月投入生产数量	120	110	115
本月完工数量	100	125	110
月末在产品数量	50	20	20
在产品完工率 50%			

表 8-68   刨床产量情况表

20××年12月

项目	铸造车间	加工车间	装配车间
月初在产品数量	10	35	25
本月投入生产数量	120	110	115
本月完工数量	90	125	120
月末在产品数量	40	20	20
在产品完工率 50%			

三、实训要求

（1）设置基本生产成本、辅助生产成本、制造费用明细账，登记期初余额（辅助生产车间不设置制造费用账户）。

（2）编制各种要素费用分配表，编制会计分录，登记明细账。

（3）月末采用计划成本分配法分配辅助生产费用，差异计入管理费用。

（4）月末采用生产工时比例法分配制造费用。

（5）铸造车间和加工车间生产完工的半成品均通过半成品仓库收发。半成品成本采用综合结转法进行结转，发出半成品的计价方法采用全月一次加权平均法，发出半成品的单位成本保留 2 位小数。

（6）按照产品类别设置成本计算单，计算产品成本。生产费用在完工产品和在产品之间的分配采用约当产量比例法。约当产量的计算采用四舍五入的方法。

（7）进行成本还原，在还原过程中，分配率请保留 6 位小数。

（8）实训过程中，除特别指明外，分配率一律保留 4 位小数。

四、实训用表

1. 分配材料费用

编制分配材料的会计分录：

编制结转材料成本差异的会计分录：

表 8-69

领料凭证汇总表 1

20××年12月 日

材料	单位	计划单价	基本生产车间产品用										合计	
			铸造车间			加工车间				装配车间				
			铣床		刨床		铣床		刨床		铣床		刨床		
			数量	金额	数量	金额	数量	金额	数量	金额	数量	金额	数量	金额	数量	金额
圆钢																
生铁																
原料合计																
焦炭																
煤																
燃料合计																
轴承 1																
轴承 2																
半成品合计																
润滑油																
辅助材料合计																
螺丝螺母																
周转材料合计																
合 计																

表 8-70

领料凭证汇总表 2
20××年12月 日

材料名称	单位	计划价格	辅助生产车间				基本生产车间用						销售		厂部		合计	
			机修		供汽		铸造		加工		装配							
			数量	金额	数量	金额	数量	金额	数量	金额	数量	金额	数量	金额	数量	金额	数量	金额
工具																		
手套																		
工作服																		
周转材料合计																		
合计																		

表 8-71

领料凭证汇总表 3
20××年12月 日

材料	单位	计划单价	基本生产车间产品用										辅助生产			
			铸造车间		加工车间				装配车间				机修车间		合计	
			铣床		铣床		刨床		铣床		刨床		数量	金额	数量	金额
			数量	金额	数量	金额	数量	金额	数量	金额	数量	金额				
圆钢																
生铁																
原料合计																
焦炭																
煤																
燃料合计																
轴承1																
轴承2																
半成品合计																
润滑油																
油漆																
辅助材料合计																
包装箱																
周转材料合计																
合 计																

2. 分配职工薪酬

表 8-72　　　　　　　　　　　职工薪酬分配表

20××年12月　　日

账户	部门	产品、劳务	定额工时	分配率	职工薪酬分配额
加工	铸造车间	铣床			
		刨床			
		合计			
	加工车间	铣床			
		刨床			
		合计			
	装配车间	铣床			
		刨床			
		合计			
辅助生产成本	机修车间				
	供汽车间				
	合计				
制造费用	铸造车间				
	加工车间				
	装配车间				
销售费用	销售部门				
管理费用	管理部门				
合　计					

知识链接:(1) 根据谁受益、谁负担的分配原则,确定各个职工薪酬的受益对象,哪些费用可以直接计入,哪些费用是共用的,需要分配计入。

(2) 两种产品的人工费用是共用的,应该按照定额工时进行分配。

编制分配职工薪酬的会计分录:

3. 分配水费

表 8-73　　　　　　　　　　水 费 分 配 表

20××年12月　日

用水部门	单价(元/吨)	用水量	分配费用
铸造车间		4 000	
加工车间		2 000	
装配车间		1 000	
机修车间		500	
供汽车间		600	
销售部门		50	
厂部		550	
合计		8 700	

实训提示：

(1) 根据水费和用水总量计算出每吨水的单价。

(2) 分别按照用水量和单价计算即可得到各个受益对象的费用。

编制分配水费的会计分录：

4. 分配电费

表 8-74　　　　　　　　　　　电 费 分 配 表

20××年12月

应借账户	受益对象		定额工时	分配率	用电量	分配率	费用
基本生产成本	铸造车间产品	铣床					
		刨床					
		合计					
	加工车间产品	铣床					
		刨床					
		合计					
	装配车间产品	铣床					
		刨床					
		合计					
制造费用	铸造车间						
	加工车间						
	装配车间						
辅助生产成本	机修车间						
	供汽车间						
销售费用	销售部门						
管理费用	厂部						
合　计							

实训提示：

（1）按照总的电费和总的用电量计算出每度电的单价，按照用电量进行各部门的费用分配。

（2）三个生产车间各生产两种产品，没有单独的电表装置，所以三个车间产品的电费是共用的，应该再把按照单价计算的费用，以生产工时为分配标准进行一次再分配。

编制分配电费的会计分录：

5. 编制支付修理费用的会计分录：

6. 计算分配折旧费用

表 8-75　　　　　　　　　　折旧费用计算表

20××年12月

项　　目		原值	月折旧率	月折旧额
铸造车间	房屋建筑物	410 000		
	机器设备	520 000		
	小计	930 000		
加工车间	房屋建筑物	350 000		
	机器设备	460 000		
	小计	810 000		
装配车间	房屋建筑物	300 000		
	机器设备	480 000		
	小计	780 000		
机修车间	房屋建筑物	180 000		
	机器设备	240 000		
	小计	420 000		

(续表)

项　目		原值	月折旧率	月折旧额
供汽车间	房屋建筑物	430 000		
	机器设备	320 000		
	小计	750 000		
专设销售机构	房屋建筑物	330 000		
	小计	330 000		
厂部管理机构	房屋建筑物	800 000		
	机器设备	200 000		
	小计	1 000 000		
合计		5 020 000		

实训提示：折旧额的计算直接用固定资产的月末余额乘以月折旧率即可。

编制分配折旧费用的会计分录：

7. 编制分配其他费用的会计分录：

8. 登记辅助生产成本明细账,分配辅助生产费用。

表 8-76   **辅助生产成本明细账**

车间名称:供汽车间   20××年12月

年		凭证字号	摘要	借方金额分析							借方合计	贷方	余额
月	日			原材料	工资费用	折旧费	保险费	办公费	其他费用	水费	电费			
			材料分配表											
			分配材料成本差异											
			薪酬分配表											
			折旧分配表											
			其他费用分配表											
			电费分配表											
			水费分配表											
			辅助生产费用分配表											
			辅助生产费用分配表											
			辅助生产费用分配表											
			合 计											

表 8-77   **辅助生产成本明细账**

车间名称:机修车间   20××年12月

年		凭证字号	摘要	借方金额分析							借方合计	贷方	余额
月	日			原材料	工资费用	折旧费	保险费	办公费	其他费用	水费	电费			
			材料分配表											
			分配材料成本差异表											
			薪酬分配表											
			折旧分配表											
			其他费用分配表											
			电费分配表											
			水费分配表											
			支付修理费用											

(续表)

年		凭证字号	摘要	借方金额分析								借方合计	贷方	余额
月	日			原材料	工资费用	折旧费	保险费	办公费	其他费用	水费	电费			
			辅助生产费用分配表											
			辅助生产费用分配表											
			辅助生产费用分配表											
			合 计											

表 8-78　　　　　　　　　辅助生产费用分配表(一)

20ＸＸ年12月

项　目		机修车间		供汽车间		费用合计
		数量	金额	数量	金额	
待分配费用						
提供劳务量						
计划单位成本						
辅助生产车间耗用	机修车间					
	供汽车间					
铸造车间产品耗用						
加工车间产品耗用						
装配车间产品耗用						
基本生产车间耗用	铸造车间					
	加工车间					
	装配车间					
行政部门耗用						
销售部门耗用						
按计划成本合计						
辅助生产实际成本						
辅助生产成本差异						

表 8-79　　　　　　　　　　　辅助生产费用分配表(二)

20××年 12 月

车间名称	产品名称	工时定额	分配率	分配金额
铸造车间	铣床			
	刨床			
	合计			
加工车间	铣床			
	刨床			
	合计			
装配车间	铣床			
	刨床			
	合计			

编制辅助生产费用分配的会计分录：

编制分配费用差异的会计分录：

9. 登记基本生产车间制造费用明细账,分配制造费用。

表 8-80　　　　　　　　　　　　　制造费用明细账

车间名称:铸造车间　　　　　　　　20××年12月

年		凭证		摘要	借方金额分析								借方合计	贷方	余额
月	日	字	号		原材料	工资费用	折旧费	保险费	办公费	其他费用	水费	电费			
				材料分配表											
				分配材料成本差异											
				薪酬分配表											
				折旧分配表											
				其他费用分配表											
				电费分配表											
				水费分配表											
				辅助生产费用分配表											
				制造费用分配表											
				合　计											

表 8-81　　　　　　　　　　　　　制造费用明细账

车间名称:加工车间　　　　　　　　20××年12月

年		凭证		摘要	借方金额分析								借方合计	贷方	余额
月	日	字	号		原材料	工资费用	折旧费	保险费	办公费	其他费用	水费	电费			
				材料分配表											
				分配材料成本差异											
				薪酬分配表											
				折旧分配表											
				其他费用分配表											
				电费分配表											
				水费分配表											
				辅助生产费用分配表											
				制造费用分配表											
				合　计											

表 8-82   制造费用明细账
车间名称:装配车间   20××年12月

年		凭证		摘要	借方金额分析								借方合计	贷方	余额
月	日	字	号		原材料	工资费用	折旧费	保险费	办公费	其他费用	水费	电费			
				材料分配表											
				分配材料成本差异											
				薪酬分配表											
				折旧分配表											
				其他费用分配表											
				电费分配表											
				水费分配表											
				辅助生产费用分配表											
				制造费用分配表											
				合计											

表 8-83   制造费用分配表
20××年12月

车间名称	产品名称	工时定额	分配率	分配金额
铸造车间	铣床			
	刨床			
	合计			
加工车间	铣床			
	刨床			
	合计			
装配车间	铣床			
	刨床			
	合计			

编制分配制造费用的会计分录:

10. 登记产品成本计算单,计算产品成本。

表 8-84   产品成本计算单
                                年   月

车间: 完工数量:
产品名称: 在产品数量:

项　　目	直接材料	直接人工	燃料动力	制造费用	合计
月初在产品费用					
本月生产费用					
费用合计					
约当产量					
分配率					
完工产品成本					
月末在产品成本					

注:材料在生产开始时一次性投入。

编制完工半成品入库的会计分录:

表 8-85　　　　　　　　　　　半成品成本计算单
　　　　　　　　　　　　　　　　年　　月

车间：
产品名称：

摘要	本月月初		本月增加		本月合计			本月减少	
	数量	金额	数量	金额	数量	单位成本	金额	数量	金额
12月									
1月									

注：自制半成品的发出采用全月一次加权平均法，发出自制半成品的单位成本保留2位小数。

编制半成品出库的会计分录：

表 8-86　　　　　　　　　　　产品成本计算单
　　　　　　　　　　　　　　　　年　　月

车间：　　　　　　　　　　　　　　　　　　　　　　　　　　　完工数量：
产品名称：　　　　　　　　　　　　　　　　　　　　　　　　　在产品数量：

项目	自制半成品	直接材料	直接人工	燃料动力	制造费用	合计
月初在产品费用						
本月生产费用						
费用合计						
约当产量						
分配率						
完工产品成本						
月末在产品成本						

注：自制半成品在生产开始时一次性投入，材料随加工进度陆续投入，且与加工进度一致。

编制完工半成品入库的会计分录：

表 8-87　　　　　　　　　　　　　　半成品成本计算单
　　　　　　　　　　　　　　　　　　　　年　　月

车间：
产品名称：

摘要	本月月初		本月增加		本月合计			本月减少	
	数量	金额	数量	金额	数量	单位成本	金额	数量	金额
12月									
1月									

注：自制半成品的发出采用全月一次加权平均法，发出自制半成品的单位成本保留2位小数。

编制半成品出库的会计分录：

表 8-88　　　　　　　　　　　　　　产品成本计算单
　　　　　　　　　　　　　　　　　　　　年　　月

车间：　　　　　　　　　　　　　　　　　　　　　　　　　　　完工数量：
产品名称：　　　　　　　　　　　　　　　　　　　　　　　　　在产品数量：

项　目	自制半成品	直接材料	直接人工	燃料动力	制造费用	合计
月初在产品费用						
本月生产费用						
费用合计						
约当产量						
分配率						
完工产品成本						
月末在产品成本						

注：自制半成品在生产开始时一次性投入，材料随加工进度陆续投入，且与加工进度一致。

编制完工产品入库的会计分录：

表 8-89　　　　　　　　　　　　产品成本计算单
　　　　　　　　　　　　　　　　　年　　月

车间：　　　　　　　　　　　　　　　　　　　　　　　　　　　　　完工数量：
产品名称：　　　　　　　　　　　　　　　　　　　　　　　　　　　在产品数量：

项目	直接材料	直接人工	燃料动力	制造费用	合计
月初在产品费用					
本月生产费用					
费用合计					
约当产量					
分配率					
完工产品成本					
月末在产品成本					

注：材料在生产开始时一次性投入。

编制完工半成品入库的会计分录：

表 8-90　　　　　　　　　　　　半成品成本计算单
　　　　　　　　　　　　　　　　　年　　月

车间：
产品名称：

摘要	本月月初		本月增加		本月合计			本月减少	
	数量	金额	数量	金额	数量	单位成本	金额	数量	金额
12月									
1月									

注：自制半成品的发出采用全月一次加权平均法，发出自制半成品的单位成本保留2位小数。

编制半成品出库的会计分录：

表 8-91　　　　　　　　　　　　　产品成本计算单
　　　　　　　　　　　　　　　　　　年　　月

车间：　　　　　　　　　　　　　　　　　　　　　　　　　　　　　完工数量：
产品名称：　　　　　　　　　　　　　　　　　　　　　　　　　　　在产品数量：

项　目	自制半成品	直接材料	直接人工	燃料动力	制造费用	合计
月初在产品费用						
本月生产费用						
费用合计						
约当产量						
分配率						
完工产品成本						
月末在产品成本						

注：自制半成品在生产开始时一次性投入，材料随加工进度陆续投入，且与加工进度一致。

　　编制完工半成品入库的会计分录：

表 8-92　　　　　　　　　　　　　半成品成本计算单
　　　　　　　　　　　　　　　　　　年　　月

车间：
产品名称：

摘要	本月月初		本月增加		本月合计			本月减少	
	数量	金额	数量	金额	数量	单位成本	金额	数量	金额
12月									
1月									

注：自制半成品的发出采用全月一次加权平均法，发出自制半成品的单位成本保留2位小数。

　　编制半成品出库的会计分录：

表 8-93 产品成本计算单
年　月

车间：　　　　　　　　　　　　　　　　　　　　　　　完工数量：
产品名称：　　　　　　　　　　　　　　　　　　　　　在产品数量：

项目	自制半成品	直接材料	直接人工	燃料动力	制造费用	合计
月初在产品费用						
本月生产费用						
费用合计						
约当产量						
分配率						
完工产品成本						
月末在产品成本						

注：自制半成品在生产开始时一次性投入，材料随加工进度陆续投入，且与加工进度一致。

编制完工产品入库的会计分录：

表 8-94　铣床成本还原计算表（铸造车间生产的半成品为 A，加工车间生产的半成品为铣床 B）

项目		还原前总成本	加工车间完工产品成本	第一次还原	铸造车间完工产品成本	第二次成本还原	还原后总成本
还原分配率							
自制半成品	铣床 B						
	铣床 A						
直接材料							
直接人工							
燃料动力							
制造费用							
合计							

表 8-95　刨床成本还原计算表(铸造车间生产的半成品为 A，加工车间生产的半成品为 B)

项目		还原前总成本	加工车间完工产品成本	第一次还原	铸造车间完工产品成本	第二次成本还原	还原后总成本
还原分配率							
自制半成品	刨床 B						
	刨床 A						
直接材料							
直接人工							
燃料动力							
制造费用							
合计							

实训二　平行结转分步法

实训目的　检验学生对平行结转分步法计算程序的理解，能运用约当产量比例法进行各步骤生产费用的分配。

实训重点和难点　平行结转分步法下各个生产步骤的期末广义在产品约当产量的计算和完工产品总成本的平行汇总。

一、企业基本情况介绍

（一）生产情况

海华设备制造公司是一家生产机床设备的企业。该公司设有 3 个基本生产车间和 2 个辅助生产车间，主要生产铣床和刨床两种产品。产品顺序经过 3 个车间加工而成，生产工艺流程是：铸造车间根据生产计划浇铸铣床和刨床的各种铸件，经检验合格后送交自制半成品仓库；加工车间分别从仓库领用各种铸件，经不同工序加工制成各种不同的铣床和刨床的零部件，直接送交装配车间；装配车间将收到的零部件连同由仓库领来的外购件等组装成各种机床，经检验合格后送交成品仓库。该企业还设有机修和供汽两个辅助生产车间，为基本生产车间和管理部门提供维修和供汽服务。为简化核算，有一些原始凭证从略，不再给出。

（二）成本核算要求

（1）产品计算方法采用平行结转分步法。铸造车间和加工车间的半成品均通过半成品库收发。

（2）各个生产步骤的生产费用在完工产品和广义在产品之间的分配均采用约当产量比例法。各车间在产品的完工率均为本车间的 50%。

（3）铸造车间的原材料在生产开始时一次性投入，加工车间和组装车间领用的原材料陆续投入，且与加工进度一致。

（4）辅助生产车间只设置辅助生产成本账户，不单独核算制造费用。机修车间委托天津富华修理厂劳务费用先归集到机修分厂的成本里，月末随机修分厂的费用一起进行分配。辅助生产费用的分配采用计划成本分配法。

(5) 制造费用按照生产车间进行归集，月末按照定额工时在各受益对象之间进行分配。

(6) 产品所耗用的电费和耗用的蒸汽费用都计入基本生产成本的"燃料及动力"。

二、实训资料

(1)（一）至（十）与实训一逐步结转分步法资料相同。

(2) 基本生产成本各账户期初余额情况如下所示。

表 8-96　　　　　　　　基本生产成本各明细账户期初余额

20××年 12 月

车间产品	成本项目	直接材料	直接人工	燃料动力	制造费用	合计
铸造车间	铣床	34 687	24 356	5 729	23 486	88 258
	刨床	24 563	16 862	7 978	4 268	53 671
加工车间	铣床	42 678	29 764	8 765	21 986	103 193
	刨床	45 628	22 896	9 865	12 560	90 949
装配车间	铣床	4 739	2 689	786	3 012	11 226
	刨床	32 897	21 678	6 528	22 868	83 971
合计		185 192	118 245	39 651	88 180	431 268

(3) 各产品产量表如下所示。

表 8-97　　　　　　　　　铣床产量情况表

20××年 12 月

项目	铸造车间	加工车间	装配车间
月初在产品数量	30	35	15
本月投入生产数量	120	110	115
本月完工数量	100	125	110
月末在产品数量	50	20	20
在产品完工率 50%			

表 8-98　　　　　　　　　刨床产量情况表

20××年 12 月

项目	铸造车间	加工车间	装配车间
月初在产品数量	10	35	15
本月投入生产数量	120	110	125
本月完工数量	90	125	120
月末在产品数量	40	20	20
在产品完工率 50%			

三、实训要求

采用平行结转分步法计算铣床和刨床的成本。

四、实训用表

表 8-99　　　　　　　　　　　铸造车间铣床成本计算表

摘　　要		直接材料	直接人工	燃料动力	制造费用	合计
月初在产品成本						
本月发生的生产费用						
生产费用合计						
最终产成品数量						
在产品约当产量	本步骤在产品约当数量					
	已交下步的未完工半成品					
	转入半成品的数量					
生产总量(分配标准)						
单位产成品成本份额(分配率)						
计入产成品成本的份额						
广义月末在产品成本						

注：铸造车间的材料是在生产开始时一次性投入的。

表 8-100　　　　　　　　　　加工车间铣床成本计算表

摘　　要		直接材料	直接人工	燃料动力	制造费用	合计
月初在产品成本						
本月发生的生产费用						
生产费用合计						
最终产成品数量						
在产品约当产量	本步骤在产品约当产量					
	已交下步的未完工半成品					
	转入半成品的数量					
生产总量(分配标准)						
单位产成品成本份额(分配率)						
计入产成品成本的份额						
广义月末在产品成本						

注：加工车间的材料是陆续投入的，且与加工进度基本一致。

表 8-101　　　　　　　　　　装配车间铣床成本计算表

摘　　要		直接材料	直接人工	燃料动力	制造费用	合计
月初在产品成本						
本月发生的生产费用						
生产费用合计						
最终产成品数量						
在产品约当产量	本步骤在产品约当数量					
	已交下步的未完工半成品					
	转入半成品的数量					

(续表)

摘要	直接材料	直接人工	燃料动力	制造费用	合计
生产总量(分配标准)					
单位产成品成本份额(分配率)					
计入产成品成本的份额					
广义月末在产品成本					

注:装配车间的材料是陆续投入的,且与加工进度基本一致。

表 8-102　　　　　　　　铸造车间刨床成本计算表

摘要		直接材料	直接人工	燃料动力	制造费用	合计
月初在产品成本						
本月发生的生产费用						
生产费用合计						
最终产成品数量						
在产品约当产量	本步骤在产品约当数量					
	已交下步的未完工半成品					
	转入半成品的数量					
生产总量(分配标准)						
单位产成品成本份额(分配率)						
计入产成品成本的份额						
广义月末在产品成本						

注:铸造车间的材料是在生产开始时一次性投入的。

表 8-103　　　　　　　　加工车间刨床成本计算表

摘要		直接材料	直接人工	燃料动力	制造费用	合计
月初在产品成本						
本月发生的生产费用						
生产费用合计						
最终产成品数量						
在产品约当产量	本步骤在产品约当产量					
	已交下步的未完工半成品					
	转入半成品的数量					
生产总量(分配标准)						
单位产成品成本份额(分配率)						
计入产成品成本的份额						
广义月末在产品成本						

注:加工车间的材料是陆续投入的,且与加工进度基本一致。

表 8-104　　　　　　　　　　　装配车间刨床成本计算表

摘　　要		直接材料	直接人工	燃料动力	制造费用	合计
月初在产品成本						
本月发生的生产费用						
生产费用合计						
最终产成品数量						
在产品约当产量	本步骤在产品约当数量					
	已交下步的未完工半成品					
	转入半成品的数量					
生产总量(分配标准)						
单位产成品成本份额(分配率)						
计入产成品成本的份额						
广义月末在产品成本						

注：装配车间的材料是陆续投入的,且与加工进度基本一致。

表 8-105　　　　　　　　　　　铣床完工产品成本汇总表

　　　　　　　　　　　　　　　　　　　　　　　　　　　　　　　　　完工数量：

项　　目	直接材料	直接人工	燃料动力	制造费用	合计
铸造车间转入的完工产品份额					
加工车间转入的完工产品份额					
装配车间转入的完工产品份额					
合　　计					

表 8-106　　　　　　　　　　　刨床完工产品成本汇总表

　　　　　　　　　　　　　　　　　　　　　　　　　　　　　　　　　完工数量：

项　　目	直接材料	直接人工	燃料动力	制造费用	合计
铸造车间转入的完工产品份额					
加工车间转入的完工产品份额					
装配车间转入的完工产品份额					
合　　计					

第九章 产品成本计算的辅助方法

实训目的 检验学生对定额法的理论的掌握程度,能够结合成本计算的基本方法使用定额法计算产品成本。

实训重点和难点 各个成本项目脱离定额差异的计算。

实训一 定 额 法

一、实训资料

(一) 企业基本情况介绍

宇通公司生产机器配件,其中甲产品的生产规模非常大,经过多年的生产,已经累积了相对成熟的生产经验。无论是材料消耗定额,还是工时消耗定额都较为稳定准确。因此,公司对该产品的成本计算是在结合品种法的基础上,采用定额法计算其生产成本。以下以该产品为例,进行定额法实验。

(二) 该产品本月的生产资料

1. 各项定额资料

1) 材料消耗定额

在以前的生产中,每件甲产品在一车间需要消耗钢材 10 千克,由于引进了新的工艺流程,经过实验可以减少对材料的消耗,因此,从本月初进行了材料消耗定额的调整,每件甲产品在该工序只需要消耗钢材 9.5 千克。材料在一车间生产开始时一次性投入。装配车间需要的材料为螺母螺钉和支架,均为外购的,每件甲产品需要使用 4 套螺母螺钉和 1 个支架。本月装配车间的材料定额未做调整。

2) 工时消耗定额

由于新工艺的使用,单位产品的生产时间也缩短了。一车间由原来的 4 小时调整为 3.5 小时,二车间由原来的 5 小时调整为 4.6 小时。装配车间由原来的 2 小时调整为 1.8 小时。

2. 计划价格

轴承钢钢板	4 元/千克
直接人工	4 元/小时
制造费用	3 元/小时
螺母螺钉	1 元/套
支架	40 元/个

3. 月初在产品成本

表 9-1　　　　　　　　　　月初在产品成本表

车间	直接材料		直接人工		制造费用		合　计	
	定额成本	脱离定额差异	定额成本	脱离定额差异	定额成本	脱离定额差异	定额成本	脱离定额差异
一车间	150	10	240	12	160	—10	550	12
二车间			300	—8	260	—6	560	—14
装配车间	120	20	250	10	220	8	590	38

4. 本月的领料单

表 9-2　　　　　　　　　　　领　料　单

领料部门：一车间　　　　开票日期　20××年3月3日　　　　NO：001

材料编号	材料名称	规格	单位	请领数量	实发数量	计划单价	计划总金额
1001	轴承钢		千克	1 800	1 800	4	7 200
用途	产品领用	发料部门			领料部门		
		核准人	发料人		负责人	领料人	
		张丽	李飞		王佳	郭明	

第二联　交会计

表 9-3　　　　　　　　　　　领　料　单

领料部门：装配车间　　　开票日期　20××年3月15日　　　NO：002

材料编号	材料名称	规格	单位	请领数量	实发数量	计划单价	计划总金额
2001	螺母螺钉		套	800	800	1	800
用途	产品领用	发料部门			领料部门		
		核准人	发料人		负责人	领料人	
		张丽	李飞		王佳	郭明	

第二联　交会计

表 9-4　　　　　　　　　　　领　料　单

领料部门：装配车间　　　开票日期　20××年3月15日　　　NO：003

材料编号	材料名称	规格	单位	请领数量	实发数量	计划单价	计划总金额
3001	支架		套	200	200	40	8 000
用途	产品领用	发料部门			领料部门		
		核准人	发料人		负责人	领料人	
		张丽	李飞		王佳	郭明	

第二联　交会计

表 9-5　　　　　　　　　　　　差额领料单

领料部门：一车间　　　　　开票日期　20××年3月15日　　　　　　　　NO:019

材料编号	材料名称	规格	单位	请领数量	实发数量	计划单价	计划总金额	
1001	轴承钢		千克	100	100	4	400	第二联　交会计
用途	产品领用	发料部门			领料部门			
		核准人	发料人		负责人		领料人	
		张丽	李飞		王佳		郭明	

表 9-6　　　　　　　　　　　　差额领料单

领料部门：装配车间　　　　开票日期　20××年3月15日　　　　　　　　NO:003

材料编号	材料名称	规格	单位	请领数量	实发数量	计划单价	计划总金额	
3001	支架		套	20	20	40	800	第二联　交会计
用途	产品领用	发料部门			领料部门			
		核准人	发料人		负责人		领料人	
		张丽	李飞		王佳		郭明	

5. 本月一车间钢板的材料成本差异率为超支2%，装配车间的材料成本差异率为节约2%。

6. 本月各个车间产品应负担的职工薪酬、制造费用和实际工时情况

表 9-7　　　　　　　　加工费用和生产工时资料表

项　目	职工薪酬(元)	制造费用(元)	生产工时(小时)
一车间	2 820	2 160	720
二车间	3 690	2 800	900
装配车间	1 420	1 100	380
合　计	7 930	6 060	2 000

7. 本月投产量为200件，完工160件，在产品40件，在产品的完工率为50%。一车间和装配车间的材料都在生产开始时一次性投入。

二、实训要求

(1) 编制甲产品的定额成本计算表。

(2) 编制月初在产品定额变动差异计算表。

(3) 编制本月材料费用、人工费用和制造费用脱离定额的差异计算表。

(4) 计算材料成本差异。

(5) 编制一车间、二车间和装配车间的产品成本计算表。

(6) 编制汇总甲产品成本计算表。

三、实训用表

1. 甲产品定额成本计算表

表 9-8　　　　　　　　　　甲产品定额成本计算表

项目	直接材料				工时定额	直接人工		制造费用		定额成本合计
	材料名称	数量定额	计划单价	定额成本		计划单价	定额成本	计划单价	定额成本	
一车间	钢板									
二车间										
装配车间	螺母螺钉									
	支架									
	小计									
合　计										

2. 月初在产品定额变动差异计算表

表 9-9　　　　　　　　月初在产品定额变动差异计算表

车间	单位产品材料定额		单位产品工时定额		材料定额变动系数	工时定额变动系数	直接材料		直接人工		制造费用	
	新定额	旧定额	新定额	旧定额			定额成本	变动差异	定额成本	变动差异	定额成本	变动差异
一车间												
二车间												
装配车间												
合　计												

定额变动差异＝月初在产品定额成本×(1－定额变动系数)

3. 材料定额成本及其脱离定额差异计算表

表 9-10　　　　　　　材料定额成本及其脱离定额差异计算表

车间	材料	计划单价	定额		脱离定额		实际	
			数量	金额	数量	金额	数量	金额
一车间	钢板							
装配车间	螺钉螺母							
	支架							
	小计							
合　计								

4. 直接人工定额成本及其脱离定额差异计算表

表 9-11　　　　　　　　直接人工定额成本及其脱离差异计算表

车间	工　　　时				定额小时工资率	定额工资费用	实际工资费用	脱离定额差异
	工时定额	投入量	定额	实际				
一车间								
二车间								
装配车间								
合　计								

5. 制造费用定额成本及其脱离定额差异计算表

表 9-12　　　　　　　　制造费用定额成本及其脱离定额差异计算表

车间	工　　　时				定额小时费用率	定额制造费用	实际制造费用	脱离定额差异
	工时定额	投入量	定额	实际				
一车间								
二车间								
装配车间								
合　计								

6. 一车间成本计算表

表 9-13　　　　　　　　　　一车间成本计算表

项　　目		行　次	直接材料	直接人工	制造费用	合计
月初在产品	定额成本	1				
	脱离定额差异	2				
	定额成本调整	3＝－(4)				
	定额变动差异	4				
本月生产费用	定额成本	5				
	脱离定额差异	6				
	材料成本差异	7＝(5＋6)×2%				
生产成本合计	定额成本	8＝1＋3＋5				
	脱离定额差异	9＝2＋6				
	材料成本差异	10＝7				
	定额变动差异	11＝4				
脱离定额差异分配率		12＝9÷8				
产成品成本	定额成本	13				
	脱离定额差异	14＝13×12				
	材料成本差异	15＝7				
	定额变动差异	16＝11				
	实际成本	17＝13＋14＋15＋16				
月末在产品成本	实际成本	18＝8－13				
	脱离定额差异	19＝9－14				

本月完工产品直接材料的定额成本＝

本月完工产品直接人工的定额成本＝

本月完工产品制造费用的定额成本＝

本月材料成本差异＝

7. 二车间成本计算表

表 9-14　　　　　　　　　二车间成本计算表

项　目		行　次	直接材料	直接人工	制造费用	合计
月初在产品	定额成本	1				
	脱离定额差异	2				
	定额成本调整	3＝－(4)				
	定额变动差异	4				
本月生产费用	定额成本	5				
	脱离定额差异	6				
	材料成本差异	7＝(5＋6)×2％				
生产成本合计	定额成本	8＝1＋3＋5				
	脱离定额差异	9＝2＋6				
	材料成本差异	10＝7				
	定额变动差异	11＝4				
脱离定额差异分配率		12＝9÷8				
产成品成本	定额成本	13				
	脱离定额差异	14＝13×12				
	材料成本差异	15＝7				
	定额变动差异	16＝11				
	实际成本	17＝13＋14＋15＋16				
月末在产品成本	实际成本	18＝8－13				
	脱离定额差异	19＝9－14				

本月完工产品直接人工的定额成本＝

本月完工产品制造费用的定额成本＝

8. 装配车间成本计算表

表 9-15　　　　　　　　　装配车间成本计算表

项　目		行　次	直接材料	直接人工	制造费用	合计
月初在产品	定额成本	1				
	脱离定额差异	2				
	定额成本调整	3＝－(4)				
	定额变动差异	4				
本月生产费用	定额成本	5				
	脱离定额差异	6				
	材料成本差异	7＝(5＋6)×(－2％)				

(续表)

项　目		行　次	直接材料	直接人工	制造费用	合计
生产成本合计	定额成本	8＝1＋3＋5				
	脱离定额差异	9＝2＋6				
	材料成本差异	10＝7				
	定额变动差异	11＝4				
脱离定额差异分配率		12＝9÷8				
产成品成本	定额成本	13				
	脱离定额差异	14＝13×12				
	材料成本差异	15＝7				
	定额变动差异	16＝11				
	实际成本	17＝13＋14＋15＋16				
月末在产品成本	实际成本	18＝8－13				
	脱离定额差异	19＝9－14				

本月完工产品直接材料的定额成本＝
本月完工产品直接人工的定额成本＝
本月完工产品制造费用的定额成本＝
本月材料成本差异＝

9. 甲产品完工产品成本汇总表

表 9-16　　　　　　　　　甲产品完工产品成本汇总表

项　目	一车间	二车间	装配车间	合计
直接材料				
直接人工				
制造费用				
合　计				

实训二　分　类　法

实训目的　检验学生对分类法下产品成本的计算。
实训重点和难点　类内各种产品成本的计算和系数的确定。

一、实训资料

（一）企业基本情况

华宇针织有限责任公司生产各种针织的围巾产品，有 18 个品种。18 个品种共分成 3 类，分别是牡丹花图案、菊花图案和山茶花图案，每个图案都包括尺寸大小不同的 6 种规格。由于这些产品所采用的原材料一样，而且生产工艺相近，所以企业采用分类法和分批法相结合，计算各种产品的成本。该企业的成本核算要求如下：

（1）该企业按照类别设置明细账，按照直接材料、直接人工和制造费用三个成本项目设置专栏。各种产品的总成本按照系数分配法在各种产品之间进行分配。系数的计算采用定额成本为标准。

（2）该企业有一个供汽辅助生产车间，主要为基本生产车间和行政部门提供供汽劳务。

（3）该企业设置"制造费用"明细账，月末，按照生产工时比例法在各类产品之间进行分配。

（4）本月发生的材料费用采用定额费用比例法在各类产品之间进行分配，直接人工费用按照生产工时比例法在各类产品之间进行分配。

（5）各类产品的生产费用在完工产品和在产品之间的分配方法：公司的每个月在产品的数量非常稳定，变化不大，所以在产品按照年初数固定计算。

（二）本月生产资料

1. 材料费用定额

表 9-17　　　　　　　　　　单位产品材料费用定额表

20××年5月　　　　　　　　　　　　　　　　单位：元

材料名称	牡丹花图案	菊花图案	山茶花图案
桑蚕丝	40	25	20
棉	10	12	20
竹纤维	5	6	4
涤纶	2	3	5
其他	1	5	3
合计	58	51	52

2. 各个产品产量及生产工时

表 9-18　　　　　　　　　　产量表及生产工时

20××年5月

产品名称	月初数量（条）	本月投入数量	本月完工数量	月末数量	生产工时（小时）
牡丹花图案围巾	120	500	504	116	2 000
菊花图案围巾	110	460	462	108	1 800
山茶花图案围巾	180	570	572	178	2 500

3. 本月完工产品产量明细表

表 9-19　　　　　　　　　　完工产品产量明细表

20××年5月　　　　　　　　　　　　　　　　单位：条

项目	牡丹花图案	菊花图案	山茶花图案
1#	85	65	85
2#	90	70	85
3#	75	75	90

(续表)

项目	牡丹花图案	菊花图案	山茶花图案
4#	90	80	100
5#	84	90	110
6#	80	82	102
合计	504	462	572

4. 本月职工薪酬情况(假设本公司只提取14%的福利)

表 9-20　　　　　　　职工薪酬情况表

20××年5月　　　　　　　　　　　　　　　单位:元

部门		人员类别	基本工资	津贴奖金	病假扣款	事假扣款	合计
基本生产车间		生产工人	18 426	2 658	100		20 984
		管理人员	3 646	856			4 502
辅助生产车间	供汽车间	生产工人	3 200	986			4 186
		管理人员	1 200	560			1 760
厂部		管理人员	3 564	1 288		210	4 642
合计			30 036	6 348	100	210	36 074

5. 期初在产品成本

表 9-21　　　　　　　期初在产品成本表

20××年5月　　　　　　　　　　　　　　　单位:元

项目	直接材料	直接人工	制造费用	合计
牡丹花图案围巾	7 623	1 346	1 360	10 329
菊花图案围巾	6 458	1 686	1 148	9 292
山茶花图案围巾	12 348	3 648	2 520	18 516
合计	14 081	3 032	2 508	19 621

6. 本月材料消耗情况

表 9-22　　　　　　　材料消耗情况表

20××年5月　　　　　　　　　　　　　　　单位:元

材料名称	产品用	基本生产车间用	供汽车间用	行政部门用	合计
桑蚕丝	43 180				43 180
棉	23 340				23 340
竹纤维	7 630				7 630
涤纶	5 560				5 560
其他	4 853	560	680	260	6 353
合计	84 563	560	680	260	86 063

7. 本月用水情况

本月公司用水1 300吨,支付水费5 200元,支付增值税额312元。

表9-23　　　　　　　　　　　用水情况表
20××年5月　　　　　　　　　　　　　　　　　单位:吨

用水部门	用水量(吨)	用水部门	用水量(吨)
基本生产车间	300	厂部	200
供汽车间	800	合计	1 300

8. 本月用电情况

本月公司用电7 000度,支付电费5 600元,支付增值税额952元。

表9-24　　　　　　　　　　　用电情况表
20××年5月　　　　　　　　　　　　　　　　　单位:度

用电部门	用电量(吨)	用电部门	用电量(吨)
基本生产车间	2 500	厂部	1 500
供汽车间	3 000	合计	7 000

9. 本月固定资产情况

表9-25　　　　　　　　　　　固定资产情况表
20××年5月　　　　　　　　　　　　　　　　　单位:元

部门	资产类型	折旧率	资产类型	折旧率	合计
	房屋建筑物	0.30%	机器设备	0.80%	
	原值	月折旧额	原值	月折旧额	
基本生产车间	200 000.00		105 500.00		
辅助生产车间	250 000.00		95 000.00		
行政管理部门	200 000.00		20 000.00		
合　计	650 000.00		220 500.00		

10. 本月其他费用

表9-26　　　　　　　　　　　其他费用表
20××年5月　　　　　　　　　　　　　　　　　单位:元

部　　门	办公费	差旅费	财产保险费	其他	合计
基本生产车间	2 230	140	1 280	540	4 190
辅助生产车间	2 340	200	800	400	3 740
行政管理部门	2 800	1 000	600	300	4 700
合　计	7 370	1 340	2 680	1 240	12 630

11. 本月供汽情况

辅助生产供汽车间为基本生产车间和管理部门服务,本月供汽20 000吨,其中基本生产车间受益5 000吨,行政部门受益15 000吨。

12. 单位定额成本情况

各种产品的单位定额成本,以 3# 产品为标准产品,采用定额成本计算系数。

表 9-27 　　　　　　　　　　　　　　**单位定额成本表**

20××年 5 月　　　　　　　　　　　　　　　　　　　　　　　　　　单位:元

产品	牡丹花图案	菊花图案	山茶花图案
1#	75	75	75
2#	78	78	78
3#	80	80	80
4#	85	85	85
5#	90	90	90
6#	95	95	95

二、实训要求

(1) 编制材料费用分配表和会计分录。

(2) 根据薪酬资料编制薪酬费用分配表和会计分录。

(3) 根据固定资产情况表编制提取折旧费用表和会计分录。

(4) 根据本月电费和用电情况表编制外购动力费用分配表和会计分录。

(5) 根据本月水费和用水情况表编制水费分配表和会计分录。

(6) 登记辅助生产成本明细账,辅助生产车间只设置"辅助生产成本"一个账户。

(7) 编制辅助生产费用分配表(采用直接分配法)。

(8) 登记基本生产车间制造费用明细账,编制制造费用分配表和会计分录。

(9) 按照类别设置基本生产成本明细账,计算完工产品成本。月末在产品按照年初数固定计算。

(10) 各种产品的总成本按照系数分配法在各种产品之间进行分配。系数的计算采用定额成本为标准。

三、实训用表

1. 材料分配表

表 9-28 　　　　　　　　　　　　　　　**材料分配表**

20××年 5 月　　　　　　　　　　　　　　　　　　　　　　　　　　单位:元

应借账户		本期投产量	单位产品定额	定额材料费	分配率	材料费用合计
基本生产成本	牡丹花图案围巾					
	菊花图案围巾					
	山茶花图案围巾					
	小计					
制造费用						

（续表）

应借账户		本期投产量	单位产品定额	定额材料费	分配率	材料费用合计
辅助生产成本	供汽车间					
	小计					
管理费用						
合计						

编制会计分录。

2. 职工薪酬分配表

表 9-29　　　　　　　　　　　　**职工薪酬分配表**
20××年5月　　　　　　　　　　　　　　　　　　　　　单位:元

应借账户		生产工时	分配率	工资金额	职工福利（14%）	合计
基本生产成本	牡丹花图案围巾					
	菊花图案围巾					
	山茶花图案围巾					
	小计					
制造费用						
辅助生产成本	供汽车间					
	小计					
管理费用						
合计						

编制会计分录。

3. 动力费用分配表

表 9-30　　　　　　　　　　　　动力费用分配表

20××年 5 月　　　　　　　　　　　　　　单位:元

应借账户		单价(元/度)	用量电	分配费用
制造费用	基本生产车间			
辅助生产成本	供汽车间			
管理费用				
合　计				

编制会计分录。

4. 水费分配表

表 9-31　　　　　　　　　　　　水费分配表

20××年 5 月　　　　　　　　　　　　　　单位:元

应借账户		单价(元/吨)	用水量	分配费用
制造费用	基本生产车间			
辅助生产成本	供汽车间			
管理费用				
合　计				

编制会计分录。

5. 折旧计算表和其他费用分配

表9-32 折旧计算表

20××年5月　　　　　　　　　　　　　　　　　　　　　　　单位：元

部门	资产类型 房屋建筑物	折旧率 0.30%	资产类型 机器设备	折旧率 0.80%	合计
	原值	月折旧额	原值	月折旧额	
基本生产车间	200 000.00		105 500.00		
辅助生产车间	250 000.00		95 000.00		
行政管理部门	200 000.00		20 000.00		
合　计	650 000.00		220 500.00		

1) 编制会计分录。

2) 编制其他费用分配的会计分录。

6. 辅助生产费用明细账

表9-33 辅助生产费用明细账

户名：　　　　　　　　　　　　　　20××年5月

20××年		凭证		摘　要	借方金额分析						借方合计	贷方	余额
月	日	字	号		原材料	工资费用	折旧费	其他费用	水费	电费			
5	#			材料分配表									
				薪酬分配表									
				水费分配表									
				电费分配表									
				折旧分配表									
				其他费用分配表									
				辅助生产费用分配表									
				合　计									

7. 制造费用明细账

表 9-34　　　　　　　　　　　制造费用明细账

户名：　　　　　　　　　　　　　20××年5月

20××年		凭证字号	摘要	借方金额分析						借方合计	贷方	余额
月	日			原材料	工资费用	折旧费	其他费用	水费	电费			
5	31		材料分配表									
			薪酬分配表									
			水费分配表									
			电费分配表									
			折旧分配表									
			其他费用分配表									
			辅助生产费用分配表									
			制造费用分配表									
			合　计									

8. 辅助生产费用分配表

表 9-35　　　　　　　　　　　辅助生产费用分配表

　　　　　　　　　　　　　　　　20××年5月　　　　　　　　　　　　　　　　单位：元

应借账户		用汽量	分配率	分配费用
制造费用	基本生产车间			
管理费用				
	合　计			

编制会计分录。

9. 制造费用分配表

表 9-36　　　　　　　　　　　制造费用分配表

20××年5月　　　　　　　　　　　　　　　　　　单位:元

车间名称	产品名称	工时定额	分配率	分配金额
基本生产车间	牡丹花图案围巾			
	菊花图案围巾			
	山茶花图案围巾			
	合　计			

编制会计分录。

10. 牡丹花图案围巾成本计算表

表 9-37　　　　　　　　　牡丹花图案围巾成本计算表

20××年5月　　　　　　　　　　　　　　　　　　单位:元

项　目	直接材料	直接人工	制造费用	合计
月初在产品费用				
本月生产费用				
费用合计				
完工产品成本				
月末在产品成本				

11. 牡丹花图案围巾各产品成本明细表

表 9-38　　　　　　　牡丹花图案围巾各产品成本明细表

20××年5月　　　　　　　　　　　　　　　　　　单位:元

项目	产量	单位系数	总系数	分配率	总成本	单位成本
1#						
2#						
3#						
4#						
5#						
6#						
合计						

12. 菊花图案围巾成本计算表

表 9-39　　　　　　　　　菊花图案围巾成本计算表

20××年 5 月　　　　　　　　　　　　　　　　　单位：元

项　　目	直接材料	直接人工	制造费用	合计
月初在产品费用				
本月生产费用				
费用合计				
完工产品成本				
月末在产品成本				

13. 菊花图案围巾各产品成本明细表

表 9-40　　　　　　　　菊花图案围巾各产品成本明细表

20××年 5 月　　　　　　　　　　　　　　　　　单位：元

项目	产量	单位系数	总系数	分配率	总成本	单位成本
1#						
2#						
3#						
4#						
5#						
6#						
合计						

14. 山茶花图案围巾成本计算表

表 9-41　　　　　　　　　山茶花图案围巾成本计算表

20××年 5 月　　　　　　　　　　　　　　　　　单位：元

项　　目	直接材料	直接人工	制造费用	合计
月初在产品费用				
本月生产费用				
费用合计				
完工产品成本				
月末在产品成本				

15. 山茶花图案围巾各产品成本明细表

表 9-42　　　　　　　　山茶花图案围巾各产品成本明细表

20××年 5 月　　　　　　　　　　　　　　　　　单位：元

项目	产量	单位系数	总系数	分配率	总成本	单位成本
1#						
2#						

（续表）

项目	产量	单位系数	总系数	分配率	总成本	单位成本
3#						
4#						
5#						
6#						
合计						

编制会计分录。

第十章 成本报表编制与分析

实训目的　检验学生对成本报表组成内容的掌握程度，能够编制商品产品成本报表。
实训重点和难点　商品产品报表的编制和产品单位成本分析。

一、实验资料

远大公司主要生产儿童玩具，主要产品为布偶娃娃系列。该系列产品分为小浣熊玩偶和小狐狸玩偶两种玩具，已经生产多年，今年又新生产了小兔子玩偶。主要材料为毛绒布和涤纶棉。20××年度有关产品的成本资料如下所示。

1. 产量资料

表10-1　　　　　　　　　　产　量　表
　　　　　　　　　　　　　　20××年　　　　　　　　　　　　　　　单位：个

产品名称		小浣熊玩偶	小狐狸玩偶	小兔子玩偶
产量	上年实际	2 100	3 000	
	本年计划	2 000	2 800	1 000
	本月实际	200	220	85
	本年实际	2 200	2 700	1 200

2. 单位成本汇总表

表10-2　　　　　　　　　　单位成本汇总表

成本项目		直接材料	直接人工	制造费用	合计
小浣熊玩偶	单位成本				
	上年实际平均	20.1	40.2	30.4	90.7
	本年计划	19.04	41.8	33.33	94.17
	本月实际	18.2	40.1	28.2	86.5
	本年实际平均	18.35	40.2	29.4	87.95
小狐狸玩偶	单位成本				
	上年实际平均	22.1	38.2	28.2	88.5
	本年计划	21.3	38.2	27.5	87
	本月实际	23.1	40.2	28	91.3
	本年实际平均	23.2	39.1	29.2	91.5
小兔子玩偶	单位成本				
	上年实际平均				
	本年计划	12	20	15	47
	本月实际	13.1	21.2	15.4	49.7
	本年实际平均	13.2	22.3	16.2	51.7

2. 小浣熊的直接材料消耗情况和单价

表 10-3　　　　　　　　小浣熊的直接材料消耗情况和单价表

直接材料	单位	实 际 数			计 划 数		
		消耗数量	单价	金额	消耗数量	单价	金额
毛绒布	米	0.31	20	6.2	0.32	19	6.08
涤纶棉	千克	0.81	15	12.15	0.9	14.4	12.96
合　计				18.35			19.04

3. 小浣熊的生产工时和薪酬及制造费用资料

表 10-4　　　　　　　小浣熊的生产工时和薪酬及制造费用资料表

项　　目	实际数	计划数
单位产品生产工时数	10	11
小时人工费用分配率	4.02	3.8
小时制造费用分配率	2.94	3.03
单位产品直接人工费用	40.2	41.8
单位产品制造费用	29.4	33.33

二、实验要求

（1）编制商品产品成本报表。
（2）编制可比产品成本报表,计算计划降低额和实际降低额。
（3）对小浣熊的单位成本进行分析。

三、实训用表

1. 编制商品产品成本报表

表 10-5　　　　　　　　　商品产品成本报表

产品名称	单位	实际产量		单位成本				本月总成本			本年总成本		
		本月	本年	上年	计划	本月实际	本年实际	按上年	按计划	本月实际	按上年	按计划	本年实际
可比产品合计													
小浣熊玩偶	个												
小狐狸玩偶	个												
不可比产品合计													
小兔子玩偶	个												
产品成本合计	个												

2. 编制可比产品成本变动表

表 10-6 可比产品成本变动表

产品名称			小浣熊玩偶	小狐狸玩偶	合计
产量	计划	(1)			
	实际	(2)			
单位成本	上年	(3)			
	计划	(4)			
	实际	(5)			
按计划产量计算总成本	按上年	(6)=(1)×(3)			
	按计划	(7)=(1)×(4)			
	按实际	(8)=(1)×(5)			
按实际产量计算总成本	按上年	(9)=(2)×(3)			
	按计划	(10)=(2)×(4)			
	按实际	(11)=(2)×(5)			
计划降低	降低额	(12)=(7)−(6)			
	降低率	(13)=(12)÷(6)			
实际降低	降低额	(14)=(11)−(9)			
	降低率	(15)=(14)÷(9)			

3. 编制小浣熊单位成本变动分析表

表 10-7 小浣熊单位成本变动分析表

成本项目	单位生产成本			变动额	
	上年实际平均	本年计划	本年实际平均	对上年	对计划
	(1)	(2)	(3)	(4)=(3)−(1)	(5)=(2)−(2)
直接材料					
直接人工					
制造费用					
合计					

4. 编制小浣熊材料分析表

表 10-8 小浣熊材料分析表

直接材料	单位	实际数			计划数			差额		
		消耗数量	单价	金额	消耗数量	单价	金额	量差	价差	合计
毛绒布	米									
涤纶棉	千克									
合计										

毛绒布金额差异＝

毛绒布量差＝

毛绒布价差＝

涤纶棉金额差异＝

涤纶棉量差＝

涤纶棉价差＝

5. 编制小浣熊人工费用分析表

表 10-9　　　　　　　　　小浣熊人工费用分析表

项　　目	实际数	计划数	差异
单位产品生产工时(小时)			
小时工资率(元)			
单位产品工资费用(元)			
分析计算			
量差			
价差			
合计			

6. 编制小浣熊制造费用分析表

表 10-10　　　　　　　　　小浣熊制造费用分析表

项　　目	实际数	计划数	差异
单位产品生产工时(小时)			
小时制造费用率(元)			
单位产品制造费用(元)			
分析计算			
量差			
价差			
合计			

附录 参考答案

第二章 要素费用的分配核算

实训一 材料费用分配核算

1. 编制材料发出汇总表

附表 2-1　　　　　　　　　　发出材料汇总表

材料名称	单位	计划价格	数量	基本生产产品用 甲	基本生产产品用 乙	辅助生产业务用	基本生产车间用	辅助生产车间用	管理部门用	合计
A	千克	100	30	3 000						3 000
B	千克	400	10		4 000					4 000
C	千克	200	400	80 000						80 000
柴油	吨	6 800	0.1			680				680
手套	双	10	50				500			500
手套	双	10	20					200		200
文件柜	个	500	2						1 000	1 000
合计				87 000		680	500	200	1 000	89 380

2. 编制材料费用分配表

附表 2-2　　　　　　　　　　材料费用分配表
2011 年 1 月　　　　　　　　　　　　　　　　　　　　单位:元

应借账户			直接计入	分配计入			合计
总账账户	明细账户	成本费用项目		定额消耗量（千克）	分配率	分配金额	
基本生产成本	甲	原材料	3 000	100		16 000	19 000
	乙	原材料	4 000	400		64 000	68 000
	小　计		7 000	500	160	80 000	87 000
辅助生产成本	运输车间	原材料	680				680
	小　计		680				680
制造费用	基本生产	低值易耗品	500				500
	辅助生产	低值易耗品	200				200
	小　计		700				700
管理费用	管理部门	低值易耗品	1 000				1 000
合　计			9 380			80 000	89 380

表中的 C 材料分配率 = $\dfrac{80\,000}{100 \times 1 + 200 \times 2}$ = 160（元/千克）

3. 编制会计分录

借：基本生产成本——甲产品	19 000
——乙产品	68 000
辅助生产成本——运输车间	680
制造费用——基本生产车间	500
——辅助生产车间	200
管理费用	1 000
贷：原材料	87 680
周转材料——低值易耗品	1 700

实训二　职工薪酬费用分配核算

附表 2-3　　　　　　　　　　职工薪酬分配表

应借账户		工资分配					提取各项费用(46%)	合计
		工人工资分配记录			直接计入工资	小计		
		生产工时	分配率	分配金额				
基本生产成本	甲产品	2 000		6 512.00		6 512.00	2 995.52	9 507.52
	乙产品	3 000		9 768.00		9 768.00	4 493.28	14 261.28
	小计	5 000	3.256 0	16 280.00		16 280.00	7 488.80	23 768.80
辅助生产成本	运输车间				6 350.00	6 350.00	2 921.00	9 271.00
	小计				6 350.00	6 350.00	2 921.00	9 271.00
制造费用	基本生产车间				7 200.00	7 200.00	3 312.00	10 512.00
	辅助生产车间				3 052.00	3 052.00	1 403.92	4 455.92
	小计				10 252.00	10 252.00	4 715.92	14 967.92
管理部门					4 065.00	4 065.00	1 869.90	5 934.90
合计				16 280.00	20 667.00	36 947.00	16 995.62	53 942.62

会计分录：

1) 分配工资费用

借：基本生产成本——甲产品	9 507.52
——乙产品	14 261.28
辅助生产成本——运输车间	9 271.00
制造费用——基本生产车间	10 512.00
——辅助生产车间	4 455.92
管理费用	5 934.90
贷：应付职工薪酬——职工工资	36 947.00
——职工福利	5 172.58
——医疗保险	2 955.76
——养老保险	4 433.64

	——失业保险			738.94
	——工伤保险			369.47
	——生育保险			369.47
	——住房公积金			1 293.15
	——工会经费			738.94
	——教育经费			923.68

2) 发放工资

借：应付职工薪酬——职工工资　　　　　　　　　　　　　36 947.00
　　贷：其他应付款——代扣医疗保险　　　　　　　　　　　　738.94
　　　　　　　　　　——代扣养老保险　　　　　　　　　　2 955.76
　　　　　　　　　　——代扣失业保险　　　　　　　　　　　369.47
　　　　　　　　　　——代扣住房公积金　　　　　　　　　1 293.15
　　　　　　　　　　——代扣个人所得税　　　　　　　　　1 521.00
　　　　银行存款　　　　　　　　　　　　　　　　　　　30 068.69

实训三　外购动力费用分配核算

附表 2-4　　　　　　　　　　外购动力费用分配表

应借账户			生产工时	度数	金额
总账账户	明细账户	成本费用项目	分配率	分配率	
			2.4	1.2	
基本生产成本	甲	燃料及动力费	3 000		7 200
	乙	燃料及动力费	2 000		4 800
	小　计		5 000	10 000	12 000
辅助生产成本	运输车间	燃料及动力费		2 000	2 400
	小　计			2 000	2 400
制造费用	生产车间	电费		600	720
	运输车间	电费		400	480
	小　计			1 000	1 200
管理费用		电费		2 000	2 400
合　计				15 000	18 000

会计分录：

借：基本生产成本——甲产品　　　　　　　　　　　　　　7 200
　　　　　　　　　——乙产品　　　　　　　　　　　　　4 800
　　辅助生产成本——运输车间　　　　　　　　　　　　　2 400
　　制造费用——基本生产车间　　　　　　　　　　　　　　720
　　　　　　——辅助生产车间　　　　　　　　　　　　　　480
　　管理费用　　　　　　　　　　　　　　　　　　　　2 400
　　应交税费——应交增值税(进项税额)　　　　　　　　　3 060
　　贷：银行存款　　　　　　　　　　　　　　　　　　21 060

实训四 折旧及其他费用分配

附表 2-5　　　　　　　　　　折旧费用计算表

应借账户		资产类型	折旧率	资产类型	折旧率	合计
		房屋建筑物	0.30%	机器设备	0.80%	
		原值	月折旧额	原值	月折旧额	
制造费用	基本生产车间	200 000.00	600	85 500.00	684	1 284
辅助生产成本	辅助生产车间	150 000.00	450	95 175.00	761.4	1 211.40
管理费用	行政管理部门	100 000.00	300	46 000.00	368	668
合 计		450 000.00	1 350	226 675.00	1 813.4	3 163.40

2. 编制折旧费用分配的会计分录

借：制造费用——基本生产车间　　　　　　　　　　　　　　　　1 284.00
　　辅助生产成本——辅助生产车间　　　　　　　　　　　　　　1 211.40
　　管理费用　　　　　　　　　　　　　　　　　　　　　　　　668.00
　贷：累计折旧　　　　　　　　　　　　　　　　　　　　　　　3 163.40

3. 编制其他费用分配的会计分录

借：制造费用——基本生产车间　　　　　　　　　　　　　　　　5 210
　　辅助生产成本——辅助生产车间　　　　　　　　　　　　　　4 090
　　管理费用　　　　　　　　　　　　　　　　　　　　　　　　6 150
　贷：银行存款　　　　　　　　　　　　　　　　　　　　　　　15 450

第三章　辅助生产费用和制造费用的核算

实训一　辅助生产费用的归集和分配核算

实训结果
（一）要求 1
1. 编制会计分录
业务 1：(凭证号：　　转 1)

借：辅助生产成本——机修　　　　　　　　　　　　　　　　　　2 300
　　　　　　　　　——供电　　　　　　　　　　　　　　　　　5 500
　贷：原材料　　　　　　　　　　　　　　　　　　　　　　　　7 800

业务 2：(凭证号：　　转 2)

借：辅助生产成本——机修　　　　　　　　　　　　　　　　　　1 700
　　　　　　　　　——供电　　　　　　　　　　　　　　　　　3 192
　贷：应付职工薪酬——工资　　　　　　　　　　　　　　　　　4 892

业务 3：(凭证号：　　转 3)

借：辅助生产成本——机修　　　　　　　　　　　　　　　　　　300
　　　　　　　　——供电　　　　　　　　　　　　　　　　　　800
　　贷：累计折旧　　　　　　　　　　　　　　　　　　　　　1 100

业务4：(凭证号：　付1)
借：辅助生产成本——机修　　　　　　　　　　　　　　　　　　400
　　　　　　　　——供电　　　　　　　　　　　　　　　　　　600
　　贷：银行存款　　　　　　　　　　　　　　　　　　　　　1 000

2. 登记辅助生产成本明细账

附表3-1　　　　　　　　　　　辅助生产成本明细账

户名：供电车间　　　　　　　　20××年8月　　　　　　　　　单位：元

年		凭证		摘要	借方金额分析						合计	贷方	余额
月	日	字	号		原材料	工资费用	折旧费	保险费	办公费	其他费用			
		转	1	领料	5 500						5 500		5 500
		转	2	计提工资		3 192					3 192		8 692
		转	3	计提折旧费			800				800		9 492
		付	1	支付其他费用				200	300	100	600		10 092
		转	4	分配辅助生产费用								10 092	0
				本月合计	5 500	3 192	800	200	300	100	10 092	10 092	0

附表3-2　　　　　　　　　　　辅助生产成本明细账

户名：机修车间　　　　　　　　20××年8月　　　　　　　　　单位：元

年		凭证		摘要	借方金额分析						合计	贷方	余额
月	日	字	号		原材料	工资费用	折旧费	保险费	办公费	其他费用			
		转	1	领料	2 300						2 300		2 300
		转	2	计提工资		1 700					1 700		4 000
		转	3	计提折旧费用			300				300		4 300
		付	1	支付其他费用				100	200	100	400		4 700
		转	4	分配辅助生产费用								4 700	0
				本月合计	2 300	1 700	300	100	200	100	4 700	4 700	0

3. 编制辅助生产费用分配表

附表3-3　　　　　　　　辅助生产费用分配表（直接分配法）

20××年8月　　　　　　　　　　　　　　　　　　　　单位：元

项　目	机修车间	供电车间	合　计
待分配费用	4 700	10 092	14 792
提供劳务量	1 532	12 615	

(续表)

项　　目		机修车间	供电车间	合　　计
分配率		3.067 9	0.8	
基本生产产品耗用	耗用数量		5 000	
	分配金额		4 000	4 000
基本生产车间耗用	耗用数量	1 200	800	
	分配金额	3 681.48	640	4 321.48
管理部门	耗用数量	200	6 000	
	分配金额	613.58	4 800	5 413.58
销售部门	耗用数量	132	815	
	分配金额	404.94	652	1 056.94
合　　计		4 700	10 092	14 792

4. 编制分配辅助生产费用的分录(凭证号：　转4)

借：基本生产成本——甲产品　　　　　　　　　　　　　　　　4 000.00
　　　制造费用　　　　　　　　　　　　　　　　　　　　　　4 321.48
　　　管理费用　　　　　　　　　　　　　　　　　　　　　　5 413.58
　　　销售费用　　　　　　　　　　　　　　　　　　　　　　1 056.94
　　贷：辅助生产成本——机修　　　　　　　　　　　　　　　4 700.00
　　　　　　　　　　——供电　　　　　　　　　　　　　　　10 092.00

(二) 要求 2

1. 编制会计分录

业务 1：(凭证号：　转1)

借：制造费用——机修　　　　　　　　　　　　　　　　　　300
　　　　　　——供电　　　　　　　　　　　　　　　　　　500
　　辅助生产成本——机修　　　　　　　　　　　　　　　　2 000
　　　　　　　——供电　　　　　　　　　　　　　　　　　5 000
　　贷：原材料　　　　　　　　　　　　　　　　　　　　　7 800

业务 2：(凭证号：　转2)

借：制造费用——机修　　　　　　　　　　　　　　　　　　560
　　　　　　——供电　　　　　　　　　　　　　　　　　　912
　　辅助生产成本——机修　　　　　　　　　　　　　　　　1 140
　　　　　　　——供电　　　　　　　　　　　　　　　　　2 280
　　贷：应付职工薪酬——工资　　　　　　　　　　　　　　4 892

业务 3：(凭证号：　转3)

借：制造费用——机修　　　　　　　　　　　　　　　　　　300
　　　　　　——供电　　　　　　　　　　　　　　　　　　800
　　贷：累计折旧　　　　　　　　　　　　　　　　　　　　1 100

业务 4：(凭证号：　付1)

借：制造费用——机修　　　　　　　　　　　　　　　　　　　　　　400
　　　　　　——供电　　　　　　　　　　　　　　　　　　　　　　600
　　贷：银行存款　　　　　　　　　　　　　　　　　　　　　　　　1 000

2. 登记辅助生产车间制造费用明细账和辅助生产成本明细账

附表3-4　　　　　　　　　　制造费用明细账
户名:供电车间　　　　　　　20××年8月　　　　　　　　　　单位:元

20××年		凭证		摘要	借方金额分析					合计	贷方	余额
月	日	字	号		原材料	工资费用	折旧费	保险费	办公费	其他费用			
8	31	转	1	领料	500						500		500
	31	转	2	计提工资		912					912		1 412
	31	转	2	计提折旧			800				800		2 212
	31	付	1	支付费用				200	300	100	600		2 812
	31	转	4	分配修理费用						542.72	542.72		3 354.72
	31	转	5	结转制造费用								3 354.72	0
	31			本月合计	500	912	800	200	300	654.72	3 354.72	3 354.72	0

附表3-5　　　　　　　　　　制造费用明细账
户名:机修车间　　　　　　　20××年8月　　　　　　　　　　单位:元

20××年		凭证		摘要	借方金额分析					合计	贷方	余额
月	日	字	号		原材料	工资费用	折旧费	保险费	办公费	其他费用			
8	31	转	1	领料	300						300		300
8	31	转	2	计提工资		560					560		860
	31	转	3	计提折旧			300				300		1 160
	31	付	1	支付费用				100	200	100	400		1 560
	31	转	4	分配电费						458.22	458.22		2 018.22
	31	转	5	分配制造费用								2 018.22	0
	31			本月合计	300	560	300	100	200	558.22	400	2 018.22	0

附表3-6　　　　　　　　　　辅助生产成本明细账
户名:供电车间　　　　　　　20××年8月　　　　　　　　　　单位:元

20××年		凭证		摘要	借方金额分析			合计	贷方	余额
月	日	字	号		直接材料	直接人工	制造费用			
8	31	转	1	领料	5 000			5 000		5 000
	31	转	2	计提工资		2 280		2 280		7 280
	31	转	4	分配辅助生产费用					458.22	

(续表)

20××年		凭证		摘 要	借方金额分析			合计	贷方	余额
月	日	字	号		直接材料	直接人工	制造费用			
	31	转	5	结转制造费用			3 354.72	3 354.72		10 176.50
	31	转	6	对外分配					10 176.50	0
	31			本月合计	5 000	2 280	3 354.72	10 634.72	10 634.72	0

附表 3-7　　　　　　　　　　　辅助生产成本明细账
户名：机修车间　　　　　　　　　20××年8月　　　　　　　　　　　　　单位：元

20××年		凭证		摘 要	借方金额分析			合计	贷方	余额
月	日	字	号		直接材料	直接人工	制造费用			
8	31	转	1	领料	2 000			2 000		2 000
	31	转	2	计提工资		1 140		1 140		3 140
	31	转	4	分配辅助生产费用					542.72	2 597.28
	31	转	5	结转制造费用			2 018.22	2 018.22		4 615.50
	31	转	6	对外分配					4 615.50	0
	31			本月合计	2 000	1 140	2 018.22	5 158.22	5 158.22	0

3. 采用交互分配法分配辅助生产费用

附表 3-8　　　　　　　　辅助生产费用分配表（交互分配法）
　　　　　　　　　　　　　　　20××年8月　　　　　　　　　　　　　单位：元

项目		交 互 分 配			对 外 分 配		
		供电车间	机修车间	小 计	供电车间	机修车间	小 计
待分配费用		10 092	4 700	14 792	10 176.5	4 615.5	14 792
劳务供应量		13 215	1 732		12 615	1 532	
分配率		0.763 7	2.713 6		0.806 7	3.012 7	
供电车间	耗用量		200				
	分配额		542.72	542.72			
机修车间	耗用量	600					
	分配额	458.22		458.22			
分配小计		458.22	542.72	1 000.94			
产品耗用	耗用量				5 000		
	分配额				4 033.5		4 033.50
基本生产车间耗用	耗用量				800	1 200	
	分配额				645.36	3 615.24	4 260.60

(续表)

项目		交 互 分 配			对 外 分 配		
		供电车间	机修车间	小 计	供电车间	机修车间	小 计
管理部门	耗用量				6 000	200	
	分配额				4 840.2	602.54	5 442.74
销售部门	耗用量				815	132	
	分配额				657.44	397.72	1 055.16
分配金额合计		458.22	542.72	1 000.94	10 176.5	4 615.5	14 792

供电车间对外分配的费用＝10 092－458.22＋542.72＝10 176.5(元)
机修车间对外分配的费用＝4 700－542.72＋458.22＝4 615.5(元)

4. 编制辅助生产费用分配的分录,并结转制造费用

1) 交互分配分录(凭证号：　　转 4)

借：制造费用——机修　　　　　　　　　　　　　　　　　458.22
　　　　　　——供电　　　　　　　　　　　　　　　　　542.72
　　贷：辅助生产成本——机修　　　　　　　　　　　　　542.72
　　　　　　　　——供电　　　　　　　　　　　　　　　458.22

2) 结转制造费用分录(凭证号：　　转 5)

借：辅助生产成本——机修　　　　　　　　　　　　　　2 018.22
　　　　　　　　——供电　　　　　　　　　　　　　　3 354.22
　　贷：制造费用——机修　　　　　　　　　　　　　　2 018.22
　　　　　　——供电　　　　　　　　　　　　　　　　3 354.22

3) 对外分配分录(凭证号：　　转 6)

借：基本生产成本——甲产品　　　　　　　　　　　　　4 033.50
　　制造费用　　　　　　　　　　　　　　　　　　　　4 260.60
　　管理费用　　　　　　　　　　　　　　　　　　　　5 442.74
　　销售费用　　　　　　　　　　　　　　　　　　　　1 055.16
　　贷：辅助生产成本——机修　　　　　　　　　　　　4 615.50
　　　　　　　　——供电　　　　　　　　　　　　　　10 176.50

(三) 要求三

1. 采用计划成本分配法编制辅助生产费用分配表

附表 3-9　　　　　　辅助生产费用分配表(计划成本分配法)

20××年8月　　　　　　　　　　　　　　　　　　　　　　　　单位:元

项 目	机 修 车 间		供 电 车 间		费用合计
	数量	金额	数量	金额	
待分配费用		4 700		10 092	14 792
提供劳务量	1 732		13 215		

(续表)

项目		机修车间		供电车间		费用合计
		数量	金额	数量	金额	
计划单位成本		2.8		1		
辅助生产车间耗用	机修车间			600	600	600
	供电车间	200	560			560
基本生产甲产品耗用				5 000	5 000	5 000
基本生产车间耗用		1 200	3 360	800	800	4 160
行政部门耗用		200	560	6 000	6 000	6 560
销售部门耗用		132	369.6	815	815	1 184.6
按计划成本合计			4 849.6		13 215	18 064.6
辅助生产实际成本			5 300		10 652	15 952
辅助生产成本差异			450.4		−2 563	−2 112.6

机修车间的实际成本＝4 700＋600＝5 300(元)
供电车间的实际成本＝10 092＋560＝10 652(元)

2. 编制会计分录

1) 按照计划成本进行分配

借：辅助生产成本——机修　　　　　　　　　　　　　　　　　600.00
　　　　　　　　——供电　　　　　　　　　　　　　　　　　560.00
　　基本生产成本——甲产品　　　　　　　　　　　　　　　5 000.00
　　制造费用　　　　　　　　　　　　　　　　　　　　　4 160.00
　　管理费用　　　　　　　　　　　　　　　　　　　　　6 560.00
　　销售费用　　　　　　　　　　　　　　　　　　　　　1 184.60
　贷：辅助生产成本——机修　　　　　　　　　　　　　　　4 849.60
　　　　　　　　——供电　　　　　　　　　　　　　　　13 215.00

2) 分配差异(将差异记入"管理费用"账户)

借：管理费用　　　　　　　　　　　　　　　　　　　　　2 112.60
　贷：辅助生产成本——机修车间　　　　　　　　　　　　　450.40
　　　　　　　　——供电车间　　　　　　　　　　　　　2 563.00

实训二　制造费用的归集和分配核算

(一) 北方公司采用生产工时比例法分配制造费用

1. 编制会计分录

1) 借：制造费用——机物料　　　　　　　　　　　　　　　2 500
　　　贷：原材料　　　　　　　　　　　　　　　　　　　　2 500

2) 借：制造费用——办公费　　　　　　　　　　　　　　　1 656
　　　贷：库存现金　　　　　　　　　　　　　　　　　　　1 656

3) 借：制造费用——水电费　　　　　　　　　　　　　　　　　　3 000
　　　贷：银行存款　　　　　　　　　　　　　　　　　　　　　　　　3 000

4) 借：制造费用——职工薪酬　　　　　　　　　　　　　　　　　　2 000
　　　贷：应付职工薪酬　　　　　　　　　　　　　　　　　　　　　　2 000

5) 借：制造费用——折旧　　　　　　　　　　　　　　　　　　　　3 000
　　　贷：累计折旧　　　　　　　　　　　　　　　　　　　　　　　　3 000

6) 借：制造费用——保险费用　　　　　　　　　　　　　　　　　　2 600
　　　贷：银行存款　　　　　　　　　　　　　　　　　　　　　　　　2 600

2. 登记制造费用明细账

附表 3-10　　　　　　　　　制造费用明细账

年		凭证		摘要	借方金额分析							合计	贷方	余额
月	日	字	号		机物料消耗	办公费	差旅费	水电费	折旧费	职工薪酬	保险费			
				消耗机物料	2 500							2 500		2 500
				支付费用		1 500	156					1 656		4 156
				支付水电费				3 000				3 000		7 156
				计提工资						2 000		2 000		9 156
				计提折旧					3 000			3 000		12 156
				支付保险							2 600	2 600		14 756
				分配制造费用									14 756	0
				本月合计	2 500	1 500	156	3 000	3 000	2 000	2 600	14 756	14 756	0

3. 按生产工时比例法编制制造费用分配表

附表 3-11　　　　　制造费用分配表（按生产工时比例法）

产品名称	生产工时	分配率	分配金额
甲产品	2 000		5 902.40
乙产品	3 000		8 853.60
合计	5 000	2.951 2	14 756

4. 编制制造费用分配的会计分录

借：基本生产成本——甲产品　　　　　　　　　　　　　　　　　5 902.40
　　　　　　　　——乙产品　　　　　　　　　　　　　　　　　8 853.60
　　贷：制造费用　　　　　　　　　　　　　　　　　　　　　　14 756.00

（二）北方公司采用年度计划率分配法分配制造费用

1. 计算过程

1) 甲产品年度计划产量的定额工时＝1 000×5＝5 000（小时）
　　乙产品年度计划产量的定额工时＝2 000×4＝8 000（小时）

2) 年度计划分配率＝130 000÷(5 000＋8 000)＝10(元/小时)
3) 甲产品本月产量的定额工时＝110×5＝550(小时)
   乙产品本月产量的定额工时＝200×4＝800(小时)
4) 甲产品分配的制造费用＝550×10＝5 500(元)
   乙产品分配的制造费用＝800×10＝8 000(元)

2. 按照年度计划率分配法编制制造费用分配表

附表 3-12　　　　　　制造费用分配表(年度计划率分配法)
20××年 3 月

产品名称	定额工时	年度计划分配率	金额
甲产品	550		5 500
乙产品	800		8 000
合计	1 350	10	13 500

3. 编制分配制造费用的会计分录

借：基本生产成本——甲产品　　　　　　　　　　　　　　　　　5 500
　　　　　　　　——乙产品　　　　　　　　　　　　　　　　　8 000
　贷：制造费用　　　　　　　　　　　　　　　　　　　　　　　13 500

第四章　生产损失核算

实训一　废品损失的核算

1. 甲产品废品损失计算表

附表 4-1　　　　　　　　甲产品废品损失计算表

项　目	产量	直接材料	生产工时	直接人工	制造费用	成本合计
生产费用	500	5 624	5 000	8 100	6 354	20 078
分配率		11.248		1.62	1.270 8	
废品成本	30	337.44	120	194.4	152.50	684.34
减:残料回收		25				25
废品净损失		312.44		194.4	152.50	659.34

2. 编制废品损失会计分录
1) 计算废品损失

借：废品损失——甲产品　　　　　　　　　　　　　　　　　　　684.34
　贷：基本生产成本——甲产品——直接材料　　　　　　　　　　337.44
　　　　　　　　　　　　　　——直接人工　　　　　　　　　　194.40
　　　　　　　　　　　　　　——制造费用　　　　　　　　　　152.20

2）回收残值

借：原材料　　　　　　　　　　　　　　　　　　　　　　　　25
　　贷：废品损失——甲产品　　　　　　　　　　　　　　　　　　25

3）结转废品损失

借：基本生产成本——甲产品——废品损失　　　　　　　　　659.34
　　贷：废品损失——甲产品　　　　　　　　　　　　　　　　659.34

3. 登记甲产品成本明细账

附表 4-2　　　　　　　　　甲产品成本明细账

摘　要	行次	直接材料	直接人工	制造费用	废品损失	合计
月初在产品成本	1	1 246	2 457	2 867		6 570
本月生产费用	2	4 378	5 643	3 487		13 508
转出废品损失	3	337.44	194.40	152.50		684.34
转入废品损失	4				659.34	659.34
生产费用合计	5	5 286.56	7 905.60	6 201.50	659.34	20 053

注：加框数字为红字。

4. 乙产品废品损失计算表

附表 4-3　　　　　　　　　乙产品废品损失计算表

项　目	产量	直接材料	直接人工	制造费用	成本合计
生产费用	2 000	27 580	28 042	15 045	70 667
分配率		13.79	14.021	7.522 5	
废品成本	40	551.60	560.84	300.90	1 413.34
减：残料回收		100			100
减：应收赔款			200		200
废品净损失		451.60	360.84	300.90	1 113.34

5. 编制废品损失会计分录

1）计算废品损失

借：废品损失——乙产品　　　　　　　　　　　　　　　　　1 413.34
　　贷：基本生产成本——乙产品——直接材料　　　　　　　　 551.60
　　　　　　　　　　　　　　　　——直接人工　　　　　　　 560.84
　　　　　　　　　　　　　　　　——制造费用　　　　　　　 300.90

2）回收残值和赔款

借：原材料　　　　　　　　　　　　　　　　　　　　　　　　100
　　其他应收款——李悦　　　　　　　　　　　　　　　　　　　200
　　贷：废品损失——乙产品　　　　　　　　　　　　　　　　　300

3）结转废品损失

借：基本生产成本——乙产品——废品损失　　　　　　　　　　　　1 113.34
　　贷：废品损失——乙产品　　　　　　　　　　　　　　　　　　　1 113.34

6. 登记乙产品成本明细账

附表 4-4　　　　　　　　　　乙成品成本明细账

摘　要	行次	直接材料	直接人工	制造费用	废品损失	合计
月初在产品成本	1	1 346	3 456	1 467		6 269
本月生产费用	2	26 234	24 586	13 578		64 398
转出废品损失	3	[551.6]	[560.84]	[300.9]		[1 413.34]
转入废品损失	4				1 113.34	1 113.34
生产费用合计	5	27 028.40	27 481.16	14 744.10	1 113.34	70 367.00

注：加框数为红字。

实训二　停工损失的核算

停工损失分录：

1）借：停工损失——车间　　　　　　　　　　　　　　　　　　　10 090
　　　贷：原材料　　　　　　　　　　　　　　　　　　　　　　　 1 200
　　　　　应付职工薪酬　　　　　　　　　　　　　　　　　　　　 5 600
　　　　　制造费用　　　　　　　　　　　　　　　　　　　　　　 3 290

2）此次停工是机器故障造成的,处理停工损失

借：基本生产成本——停工损失　　　　　　　　　　　　　　　　　10 090
　　贷：停工损失——一车间　　　　　　　　　　　　　　　　　　 10 090

第五章　生产费用在完工产品和在产品之间的分配方法

实训一　几种简单的分配方法

附表 5-1　　　　　　　　产品成本计算单

基本生产车间　　　　　　　　　　　　　　　　　　　　完工数量：1 000 件
产品名称：甲产品　　　　　　　　　　　　　　　　　　在产品数量：10 件

摘　要	行次	直接材料	直接人工	制造费用	合计
月初在产品成本	1				
本月生产费用	2	12 358	24 683	5 437	42 478
生产费用合计	3	12 358	24 683	5 437	42 478
完工产品成本	4	12 358	24 683	5 437	42 478
产品单位成本	5	12.36	24.68	54.37	42.48
在产品成本	6				

实训提示:甲产品不计算在产品成本。

附表 5-2　　　　　　　　　产品成本计算单

基本生产车间　　　　　　　　　　　　　　　　　　　　　　完工数量:500 件
产品名称:乙产品　　　　　　　　　　　　　　　　　　　　在产品数量:300 件

摘　　要	行次	直接材料	直接人工	制造费用	合计
月初在产品成本	1	24 000	12 800	8 600	45 400
本月生产费用	2	23 458	17 689	23 468	64 615
生产费用合计	3	47 458	30 489	32 068	110 015
完工产品成本	4	23 458	17 689	23 468	64 615
产品单位成本	5	46.916	35.378	46.936	129.23
在产品成本	6	24 000	12 800	8 600	45 400

实训提示:乙产品月初和月末在产品成本相等。

附表 5-3　　　　　　　　　产品成本计算单

基本生产车间　　　　　　　　　　　　　　　　　　　　　　完工数量:400 件
产品名称:丙产品　　　　　　　　　　　　　　　　　　　　在产品数量:600 件

摘　　要	行次	直接材料	直接人工	制造费用	合计
月初在产品成本	1	96 000			96 000
本月生产费用	2	87 542	2 346	1 456	91 344
生产费用合计	3	183 542	2 346	1 456	187 344
完工产品成本	4	73 416.8	2 346	1 456	77 218.8
产品单位成本	5	183.542	5.865	3.64	193.047
在产品成本	6	110 125.2			110 125.2

实训提示:丙产品的在产品只计算材料费用。把材料费用合计数按照完工数量和在产品的数量进行分配,计算分配率。直接人工和制造费用都分配给完工产品。

材料分配率=183 542÷(400+600)=183.542

完工产品的材料费用= 183.542×400=73 416.8(元)

在产品的材料费用=183 542−73 416.8=110 125.2(元)

附表 5-4　　　　　　　　　产品成本计算单

基本生产车间　　　　　　　　　　　　　　　　　　　　　　完工数量:600 件
产品名称:丁产品　　　　　　　　　　　　　　　　　　　　在产品数量:400 件

摘　　要	行次	直接材料	直接人工	制造费用	合计
月初在产品成本	1	12 580	3 280	4 560	20 420
本月生产费用	2	12 568	3 247	2 358	18 173
生产费用合计	3	25 148	6 527	6 918	38 593
分配率	4	25.148	6.527	6.918	
完工产品成本	5	15 088.8	3 916.2	4 150.8	23 155.80
产品单位成本	6	25.15	6.53	6.92	38.59
在产品成本	7	10 059.20	2 610.80	2 767.20	15 437.20

实训提示:丁产品的在产品已接近完工,每一件在产品都将视同为一件完工产品,所有的费用都按照总数量来计算分配率。

实训二　　约当产量比例法

附表 5-5　　　　　　　　　　产品成本计算单

基本生产车间　　　　　　　　　　　　　　　　　　　　　　　完工数量:180 件
产品名称:甲产品　　　　　　　　　　　　　　　　　　　　　　在产品数量:50 件

摘　要	行次	直接材料	直接人工	制造费用	合计
月初在产品成本	1	24 687	2 348	2 647	29 682
本月生产费用	2	24 689	2 347	6 547	33 583
生产费用合计	3	49 376	4 695	9 194	63 265
完工产量	4	180	180	180	
在产品约当产量	5	50	20	20	
产量合计	6	230	200	200	
分配率	7	214.678 3	23.475	45.97	
完工产品成本	8	38 642.09	4 225.5	8 274.6	51 142.19
产品单位成本	9	214.68	23.48	45.97	284.13
在产品成本	10	10 733.91	469.5	919.4	12 122.81

附表 5-6　　　　　　　　　乙产品约当产量计算表

乙产品	在产品数量	工时定额	完工率	约当产量
第一道工序	140	20	20%	28
第二道工序	170	30	70%	119
合　计	310	50		147

附表 5-7　　　　　　　　　　产品成本计算单

基本生产车间　　　　　　　　　　　　　　　　　　　　　　　完工数量:280 件
产品名称:乙产品　　　　　　　　　　　　　　　　　　　　　　在产品数量:310 件

摘　要	行次	直接材料	直接人工	制造费用	合计
月初在产品成本	1	12 567	4 563	5 679	22 809
本月生产费用	2	65 780	8 765	6 478	81 023
生产费用合计	3	78 347	13 328	12 157	103 832
完工产量	4	280	280	280	
在产品约当产量	5	310	147	147	
产量合计	6	590	427	427	
分配率	7	132.791 5	31.213 1	28.470 7	
完工产品成本	8	37 181.62	8 739.68	7 971.8	53 893.1
产品单位成本	9	132.79	31.21	28.47	192.47
在产品成本	10	41 165.38	4 588.32	4 185.20	49 938.90

附表 5-8　　　　　　　　丙产品原材料费用约当产量计算表

丙产品	在产品数量 件	材料定额 千克	投料率	约当产量
第一道工序	250	400	40%	100
第二道工序	320	600	100%	320
合　计	570	1 000		420

附表 5-9　　　　　　　　丙产品加工费用约当产量计算表

丙产品	在产品数量 件	工时定额 小时	完工率	约当产量
第一道工序	250	30	18.75%	46
第二道工序	320	50	68.75%	220
合　计	570	80		266

附表 5-10　　　　　　　　产品成本计算单

基本生产车间　　　　　　　　　　　　　　　　　　　　完工数量：520 件
产品名称：丙产品　　　　　　　　　　　　　　　　　　在产品数量：570 件

摘　要	行次	直接材料	直接人工	制造费用	合计
月初在产品成本	1	8 267	6 549	1 289	16 105
本月生产费用	2	674 532	56 432	64 790	795 754
生产费用合计	3	682 799	62 981	66 079	811 859
完工产量	4	520	520	520	
在产品约当产量	5	420	266	266	
产量合计	6	940	786	786	
分配率	7	726.381 9	80.128 5	84.07	
完工产品成本	8	377 718.59	41 666.82	43 716.40	463 101.81
产品单位成本	9	726.38	80.13	84.07	890.58
在产品成本	10	305 080.41	21 314.18	22 362.60	348 757.19

附表 5-11　　　　　　　　丁产品原材料费用约当产量计算表

丙产品	在产品数量 件	材料定额 千克	投料率	约当产量
第一道工序	220	200	10%	22
第二道工序	360	800	60%	216
合　计	580	1 000		238

附表 5-12　　　　　　　　丁产品加工费用约当产量计算表

丙产品	在产品数量 件	工时定额 小时	完工率	约当产量
第一道工序	220	40	20%	44
第二道工序	360	60	70%	252
合　计	580	100		296

附表 5-13　　　　　　　　　　　　产品成本计算单

基本生产车间　　　　　　　　　　　　　　　　　　　　完工数量：460 件
产品名称：丁产品　　　　　　　　　　　　　　　　　　在产品数量：580 件

摘　要	行次	直接材料	直接人工	制造费用	合计
月初在产品成本	1	2 345	5 468	2 876	10 689
本月生产费用	2	43 258	16 753	76 543	136 554
生产费用合计	3	45 603	22 221	79 419	147 243
完工产量	4	460	460	460	
在产品约当产量	5	238	296	296	
产量合计	6	698	756	756	
分配率	7	65.333 8	29.392 9	105.051 6	
完工产品成本	8	30 053.55	13 520.73	48 323.74	91 898.02
产品单位成本	9	65.33	29.39	105.05	199.78
在产品成本	10	15 549.45	8 700.27	31 095.26	55 344.98

实训三　定额比例法

附表 5-14　　　　　　　　　甲产品完工产品和在产品定额计算表

项　目	数量	材料定额（元）		工时定额（小时）	
		单件定额	总定额	单件定额	总定额
完工产品	200	200	40 000	20	4 000
在产品	50	200	10 000	10	500
合　计	250		50 000		4 500

附表 5-15　　　　　　　　　　　甲产品成本计算单

摘　要	行次	直接材料	直接人工	制造费用	合计
月初在产品成本	1	23 678	6 590	3 750	34 018
本月生产费用	2	28 697	5 497	3 765	37 959
生产费用合计	3	52 375	12 087	7 515	71 977
完工产品定额	4	40 000	4 000	4 000	
在产品定额	5	10 000	500	500	
定额合计	6	50 000	4 500	4 500	
分配率	7	1.047 5	2.686	1.67	
完工产品成本	8	41 900	10 744	6 680	59 324
产品单位成本	9	209.5	53.72	33.4	297
月末在产品成本	10	10 475	1 343	835	12 653

附表 5-16　　　　　　　　　　　乙产品成本计算单

摘　要		行次	直接材料	直接人工	制造费用	合计
月初在产品	定额	1	20 000	2 000	2 000	
	实际费用	2	29 955	2 985	2 975	35 915

(续表)

摘要		行次	直接材料	直接人工	制造费用	合计
本月发生	定额	3	40 000	3 000	3 000	
	实际费用	4	41 085	2 958	7 643	51 686
本月合计	定额	5	60 000	5 000	5 000	
	实际费用	6	71 040	5 943	10 618	87 601
分配率		7	1.184	1.188 6	2.123 6	
完工产品成本	定额	8	50 000	4 000	4 000	
	实际费用	9	59 200.00	4 754.40	8 494.40	72 448.80
月末在产品	定额	10	10 000	1 000	1 000	
	实际费用	11	11 840	1 188.60	2 123.60	15 152.20

实训四 在产品按定额成本计价法

附表 5-17　　　月末在产品成本计算表(定额成本法)

产品名称	工序	在产品数量	原材料(千克)		生产工时(小时)		原材料	直接人工	制造费用	合计
			单件定额	定额总量	单件累计定额	定额总量	1	1.2	0.5	
甲产品	1	100	20	2 000	10	1 000	2 000	1 200	500	3 700
	2	120	20	2 400	35	4 200	2 400	5 040	2 100	9 540
合计		220	—	4 400		5 200	4 400	6 240	2 600	13 240
乙产品	1	250	40	10 000	25	6 250	10 000	7 500	3 125	20 625
	2	350	100	35 000	65	22 750	35 000	27 300	11 375	73 675
		600	—	45 000		29 000	45 000	34 800	14 500	94 300

附表 5-18　　　甲产品成本计算表

完工件数:500 件

摘要	行次	直接材料	直接人工	制造费用	合计
月初在产品成本	1	26 783	3 875	1 458	32 116
本月生产费用	2	46 528	3 672	3 486	53 686
生产费用合计	3	73 311	7 547	4 944	85 802
完工产品成本	4	68 911	1 307	2 344	72 562
产品单位成本	5	137.82	2.614	4.688	145.12
月末在产品成本	6	4 400	6 240	2 600	13 240

附表 5-19　　　乙产品成本计算表

完工件数:400 件

摘要	行次	直接材料	直接人工	制造费用	合计
月初在产品成本	1	57 634	13 472	2 957	74 063
本月生产费用	2	54 398	24 327	15 632	94 357
生产费用合计	3	112 032	37 799	18 589	168 420
完工产品成本	4	67 032	2 999	4 089	74 120
产品单位成本	5	167.58	7.50	10.22	185.3
月末在产品成本	6	45 000	34 800	14 500	94 300

第六章 品 种 法

1. 材料汇总表

附表 6-1

材料汇总表

材料名称	单位	材料单价	一车间 产品		一车间 车间		二车间 产品		二车间 车间		机修车间 生产		机修车间 车间		运输车间 生产		运输车间 车间		管理部门		合计	
			数量	金额	数量	金额	数量	金额	数量	金额	数量	金额	数量	金额	数量	金额	数量	金额	数量	金额	数量	金额
A	千克	5	5 000	25 000			6 000	30 000													11 000	55 000
B	千克	4	3 950	15 800																	3 950	15 800
C	千克	20	360	7 200																	360	7 200
D	千克	8					5 000	40 000													5 000	40 000
E	吨	7					1 000	7 000													1 000	7 000
汽油	吨	8 000													2	16 000					2	16 000
千斤顶	个	200									5	1 000									5	1 000
扳手	个	50									40	2 000									40	2 000
手套	双	25			100	2 500			60	1 500			14	350			20	500			194	4 850
文件柜	个	580																	1	580	1	580
合 计				48 000		2 500		77 000		1 500		3 000		350		16 000		500		580		149 430

2. 1) 一车间材料分配表

附表 6-2　　　　　　　　　一车间材料分配表

材料名称	分配对象	分配记录				
		定额	产量	定额耗用量	分配率	分配金额
A 材料	甲产品	10	250	2 500		10 665.50
	乙产品	12	280	3 360		14 334.50
	小　计			5 860	4.266 2	25 000
B 材料	甲产品	8	250	2 000		9 294.20
	乙产品	5	280	1 400		6 505.80
	小　计			3 400	4.647 1	15 800
C 材料	甲产品	0.5	250	125		2 578.80
	乙产品	0.8	280	224		4 621.20
	小　计			349	20.630 4	7 200
	甲产品					22 538.50
	乙产品					25 461.50
	合　计					48 000.00

2) 二车间材料分配表

附表 6-3　　　　　　　　　二车间材料分配表

材料名称	分配对象	分配记录				
		定额	产量	定额耗用量	分配率	分配金额
A 材料	丙产品	20	150	3 000		15 000.00
	丁产品	15	200	3 000		15 000.00
	小　计			6 000	5.000 0	30 000.00
D 材料	丙产品	12	150	1 800		14 999.94
	丁产品	15	200	3 000		25 000.06
	小　计			4 800	8.333 3	40 000.00
E 材料	丙产品	2	150	300		2 625.00
	丁产品	2.5	200	500		4 375.00
	小　计			800	8.750 0	7 000.00
	丙产品					32 624.94
	丁产品					44 375.06
	合　计					77 000.00

编制分配材料的会计分录：

借：基本生产成本——一车间——甲产品　　　　　　　　　　22 538.50
　　　　　　　　　　　　——乙产品　　　　　　　　　　25 461.50
　　　　　　　　——二车间——丙产品　　　　　　　　　　32 624.94
　　　　　　　　　　　　——丁产品　　　　　　　　　　44 375.06
　　辅助生产成本——机修车间　　　　　　　　　　　　　　3 000.00
　　　　　　　　——运输车间　　　　　　　　　　　　　　16 000.00

制造费用——一车间 2 500.00
　　　　——二车间 1 500.00
　　　　——机修车间 350.00
　　　　——运输车间 500.00
管理费用 580.00
贷：原材料 149 430.00

3. 分配其他费用的会计分录：

借：制造费用——一车间 1 868.00
　　　　——二车间 2 727.00
　　　　——机修车间 1 678.00
　　　　——运输车间 1 791.60
管理费用 6 099.00
贷：银行存款 14 163.60

4. 薪酬分配表

附表6-4　　　　　　　　　　薪酬分配表

用　　途		工资分配							合计
		工人工资分配记录			各类人员工资	工资合计	提取各类保险 0.20	提取工会经费 0.02	提取福利费 0.14	
		生产工时	分配率	分配金额						
一车间	甲产品	2 000		11 513.60		11 513.60	2 302.72	230.27	1 611.90	15 658.49
	乙产品	3 000		17 270.40		17 270.40	3 454.08	345.41	2 417.86	23 487.75
	小　计	5 000	5.756 8	28 784.00		28 784.00	5 756.80	575.68	4 029.76	39 146.24
二车间	丙产品	1 800		26 605.80		26 605.80	5 321.16	532.12	3 724.81	36 183.89
	丁产品	1 200		17 737.20		17 737.20	3 547.44	354.74	2 483.21	24 122.59
	小　计	3 000	14.781 0	44 343.00		44 343.00	8 868.60	886.86	6 208.02	60 306.48
辅助生产车间	机修车间			12 197.00		12 197.00	2 439.40	243.94	1 707.58	16 587.92
	运输车间			12 208.00		12 208.00	2 441.60	244.16	1 709.12	16 602.88
	小　计			24 405.00		24 405.00	4 881.00	488.10	3 416.70	33 190.80
制造费用	一车间				9 984.00	9 984.00	1 996.80	199.68	1 397.76	13 578.24
	二车间				18 338.00	18 338.00	3 667.60	366.76	2 567.32	24 939.68
	机修车间				3 446.00	3 446.00	689.20	68.92	482.44	4 686.56
	运输车间				4 336.00	4 336.00	867.20	86.72	607.04	5 896.96
	小　计				36 104.00	36 104.00	7 220.80	722.08	5 054.56	49 101.44
行政管理部门					18 362.00	18 362.00	3 672.40	367.24	2 570.68	24 972.32
合　计				97 532.00	54 466.00	151 998.00	30 399.60	3 039.96	21 279.72	206 717.28

编制职工薪酬分配分录：

借：基本生产成本——一车间——甲产品 15 658.49
　　　　　　　　　　　——乙产品 23 487.75
　　　　　——二车间——丙产品 36 183.89
　　　　　　　　　　　——丁产品 24 122.59

辅助生产成本——机修车间			16 587.92
——运输车间			16 602.88
制造费用——一车间			13 578.24
——二车间			24 939.68
——机修车间			4 686.58
——运输车间			5 896.96
管理费用			24 972.32
贷：应付职工薪酬——工资			151 998.00
——社会保险			30 399.60
——工会经费			3 039.96
——职工福利			21 279.72

5. 折旧计算表

附表 6-5　　　　　　　　折旧计算表

部门	原值	月折旧额	原值	月折旧额	折旧额合计
一车间	300 000.00	600	85 500.00	684	1 284.00
二车间	120 000.00	240	68 300.00	546.40	786.40
机修车间	301 200.00	602.4	37 500.00	300	902.40
运输车间	100 000.00	200	30 005.00	240.04	440.04
行政管理部门	300 000.00	600	50 000.00	400	1 000.00
合计	1 121 200.00	2 242.40	271 305.00	2 170.44	4 412.84

提取折旧分录：

借：制造费用——一车间	1 284.00
——二车间	786.40
——机修车间	902.40
——运输车间	440.04
管理费用	1 000.00
贷：累计折旧	4 412.84

6. 水费分配表

附表 6-6　　　　　　　　水费分配表

应借科目			用水量	分配率	金额
总账账户	明细科目	成本费用项目			
制造费用	一车间	水费	320		1 600
	二车间	水费	430		2 150
	机修车间	水费	200		1 000
	运输车间	水费	150		750
	小计		1 100		5 500
管理费用	厂部	水费	180		900
合计			1 280	5	6 400

分配水费的分录：

```
借:制造费用——一车间                                          1 600.00
        ——二车间                                            2 150.00
        ——机修车间                                          1 000.00
        ——运输车间                                            750.00
    管理费用                                                   900.00
    应交税费——应交增值税(进项税额)                            384.00
  贷:银行存款                                                6 784.00
```

7. 电费分配表

附表6-7　　　　　　　　　　　电费分配表

应借科目			生产工时	工时分配率	度数(分配率:1.2)	金额
总账账户	明细科目	成本费用项目				
基本生产成本	一车间	甲产品	燃料及动力费	2 000			3 600
		乙产品	燃料及动力费	3 000			5 400
		小　计		5 000	1.8	7 500	9 000
	二车间	丙产品	燃料及动力费	1 800			3 600
		丁产品	燃料及动力费	1 200			2 400
		小　计		3 000	2	5 000	6 000
辅助生产成本	机修车间	燃料及动力费			950	1 140
	运输车间	燃料及动力费			1 100	1 320
	小　计				2 050	2 460
制造费用	一车间	电费			600	720
	二车间	电费			800	960
	机修车间	电费			250	300
	运输车间	电费			340	408
	小　计				1 990	2 388
管理费用		电费			1 400	1 680
合　计					17 940	21 528

编制分配电费的会计分录:

```
借:基本生产成本——一车间——甲产品                          3 600.00
                    ——乙产品                              5 400.00
            ——二车间——丙产品                              3 600.00
                    ——丁产品                              2 400.00
    辅助生产成本——机修车间                                1 140.00
            ——运输车间                                    1 320.00
    制造费用——一车间                                        720.00
        ——二车间                                            960.00
        ——机修车间                                          300.00
        ——运输车间                                          408.00
    管理费用                                                1 680.00
    应交税费——应交增值税(进项税额)                        3 659.76
  贷:银行存款                                              25 187.76
```

8. 机修车间制造费用明细账

附表 6-8

机修车间制造费用明细账

20××年		凭证字号	摘要	借方金额分析							借方合计	贷方	余额
月	日			原材料	工资费用	折旧费	办公费	保险费	水费	电费	其他			
3	31		材料分配表	350								350		350
	31		薪酬分配表		4 686.56							4 686.56		5 036.56
	31		折旧分配表			902.4						902.4		5 938.96
	31		其他费用分配表				1 080	320			278	1 678		7 616.96
	31		电费分配表							300		300		7 916.96
	31		水费分配表						1 000			1 000		8 916.96
	31		制造费用分配表										8 916.96	0
	31		本月合计	350	4 686.6	902.4	1 080	320	1 000	300	278	8 916.96	8 916.96	

9. 机修车间辅助生产成本明细账

附表 6-9

机修车间辅助生产成本明细账

20××年		凭证字号	摘要	借方金额分析				借方合计	贷方	余额
月	日			直接材料	直接人工	燃料动力	制造费用			
3	31		材料分配表	3 000				3 000		3 000
	31		薪酬分配表		16 587.92			16 587.92		19 587.92
	31		电费分配表			1 140		1 140		20 727.92
	31		制造费用分配表				8 916.96	8 916.96		29 644.88
	31		辅助生产成本分配表						29 644.88	0
	31		合计	3 000	16 587.92	1 140	8 916.96	29 644.88	29 644.88	

编制结转机修车间制造费用的会计分录：

借：辅助生产成本——机修车间　　8 916.96
　　贷：制造费用——机修车间　　　　　　　8 916.96

10. 运输车间制造费用明细账

附表 6-10

运输车间制造费用明细账

20××年		凭证字号	摘要	借方金额分析							借方合计	贷方	余额
月	日			原材料	工资费用	折旧费	办公费	保险费	水费	电费	其他			
3	31		材料分配表	500								500		500.00
	31		薪酬分配表		5 896.96							5 896.96		6 396.96
	31		折旧分配表			440.04						440.04		6 837.00
	31		其他费用分配表				1 200	250			341.60	1 791.60		8 628.60
	31		电费分配表							408		408		9 036.60
	31		水费分配表						750			750		9 786.60
	31		制造费用分配表										9 786.6	0
			本月合计	500	5 896.96	440.04	1 200	250	750	408	341.60	9 786.60	9 786.60	

11. 运输车间辅助生产成本明细账

附表 6-11

运输车间辅助生产成本明细账

20××年		凭证字号	摘要	借方金额分析				借方合计	贷方	余额
月	日			直接材料	直接人工	燃料动力	制造费用			
3	31		材料分配表	16 000				16 000		16 000
	31		薪酬分配表		16 602.88			16 602.88		32 602.88
	31		电费分配表			1 320		1 320		33 922.88
	31		制造费用分配表				9 786.60	9 786.60		43 709.48
	31		辅助生产费用分配表						43 709.48	0
			合计	16 000	16 602.88	1 320	9 786.60	43 709.48	43 709.48	

编制结转运输车间制造费用的会计分录：

借：辅助生产成本——运输车间　9 786.60
　　贷：制造费用——运输车间　　　　9 786.60

12. 辅助生产费用分配表

附表 6-12

辅助生产费用分配表（直接分配法）

项 目		机修车间	运输车间	小 计
待分配费用		29 644.88	43 709.48	73 354.36
对外劳务供应量		1 400	23 500	
分配率		21.174 9	1.860 0	
一车间	耗用量	600	12 000	
	分配额	12 704.94	22 320.00	35 024.94
二车间	耗用量	760	9 000	
	分配额	16 092.92	16 740.00	32 832.92
管理部门	耗用量	40	2 500	
	分配额	847.02	4 649.48	5 496.50
分配金额合计		29 644.88	43 709.48	73 354.36

编制分配辅助生产费用的会计分录：

借：制造费用——一车间　　　　　　　　　35 024.94
　　　　　　　——二车间　　　　　　　　　32 832.92
　　管理费用　　　　　　　　　　　　　　　5 496.50
　贷：辅助生产成本——机修车间　　　　　29 644.88
　　　　　　　　　　——运输车间　　　　　43 709.48

13. 一车间制造费用明细账

附表 6-13

一车间制造费用明细账

20××年		凭证字号	摘要	借方金额分析							借方合计	贷方	余额
月	日			原材料	工资费用	折旧费	办公费	保险费	其他费用	水费	电费			
3	31		材料分配表	2 500								2 500		2 500
	31		薪酬分配表		13 578.24							13 578.24		16 078.24
	31		折旧分配表			1 284						1 284		17 362.24
	31		其他费用分配表				1 200	520	148			1 868		19 230.24
	31		电费分配表								720	720		19 950.24
	31		水费分配表							1 600		1 600		21 550.24
	31		辅助生产费用分配表						35 024.94			35 024.94		56 575.18
	31		制造费用分配表										56 575.18	
	31		合计	2 500	13 578.24	1 284	1 200	520	35 172.94	1 600	720	56 575.18	56 575.18	0

14. 二车间制造费用明细账

附表 6-14

二车间制造费用明细账

20××年		凭证字号	摘要	借方金额分析							借方合计	贷方	余额
月	日			原材料	工资费用	折旧费	办公费	保险费	其他费用	水费	电费			
3	31		材料分配表	1 500								1 500		1 500.00
	31		薪酬分配表		24 939.68							24 939.68		26 439.68
	31		折旧分配表			786.4						786.4		27 226.08
	31		其他费用分配表				2 002	480	245			2 727		29 953.08
	31		电费分配表								960	960		30 913.08
	31		水费分配表							2 150		2 150		33 063.08
	31		辅助生产费用分配表						32 832.92			32 832.92		65 896.00
	31		制造费用分配表										65 896	
	31		合计	1 500	24 939.68	786.4	2 002	480	33 077.92	2 150	960	65 896	65 896	0

15. 基本生产车间制造费用分配表

附表 6-15　　　　　　　　基本生产车间制造费用分配表

一 车 间				二 车 间			
产品名称	生产工时	分配率	分配金额	产品名称	生产工时	分配率	分配金额
甲产品	2 000		22 630.00	丙产品	1 800		39 537.54
乙产品	3 000		33 945.18	丁产品	1 200		26 358.46
合 计	5 000	11.315 0	56 575.18	合 计	3 000	21.965 3	65 896

编制结转基本生产车间制造费用的会计分录：

借：基本生产成本——一车间——甲产品　　　　　　　　22 630.00
　　　　　　　　　　　　——乙产品　　　　　　　　　33 945.18
　　　　　　　——二车间——丙产品　　　　　　　　　39 537.54
　　　　　　　　　　　　——丁产品　　　　　　　　　26 358.46
　　贷：制造费用——一车间　　　　　　　　　　　　　56 575.18
　　　　　　　　——二车间　　　　　　　　　　　　　65 896.00

16. 甲产品成本计算表

附表 6-16　　　　　　　　甲产品成本计算表

摘　要	数量	材料费用	人工费用	燃料动力	制造费用	合　计
期初在产品成本	100	3 120.00	2 568.00	621.00	3 078.00	9 387.00
本期生产费用	250	22 538.50	15 658.49	3 600.00	22 630.00	64 426.99
生产费用合计	350	25 658.50	18 226.49	4 221.00	25 708.00	73 813.99
完工产品成本	248	22 538.50	15 658.49	3 600.00	22 630.00	64 426.99
单位成本		90.88	63.14	14.52	91.25	259.79
期末在产品成本	102	3 120.00	2 568.00	621.00	3 078.00	9 387.00

17. 乙产品成本计算表

附表 6-17　　　　　　　　乙产品成本计算表

摘　要	数量	材料费用	人工费用	燃料动力	制造费用	合　计
期初在产品成本	128	5 235.00	5 671.00	1 486.00	8 734.00	21 126.00
本期生产费用	280	25 461.50	23 487.75	5 400.00	33 945.18	88 294.43
生产费用合计	408	30 696.50	29 158.75	6 886.00	42 679.18	109 420.43
完工产品成本	278	25 461.50	23 487.75	5 400.00	33 945.18	88 294.43
单位成本		91.59	84.49	19.42	122.10	317.60
期末在产品成本	130	5 235.00	5 671.00	1 486.00	8 734.00	21 126.00

18. 丙产品成本计算表

附表 6-18　　　　　　　　　　丙产品成本计算表

摘　要	材料费用	人工费用	燃料动力	制造费用	合　计
期初在产品成本	3 456.00	3 617.00	380.00	4 000.00	11 453.00
本期生产费用	32 624.94	36 183.89	3 600.00	39 537.54	111 946.37
生产费用合计	36 080.94	39 800.89	3 980.00	43 537.54	123 399.37
完工数量	120	120	120	120	
月末在产品约当产量	60	30	30	30	
费用分配产量合计	180	150	150	150	
分配率	200.449 7	265.339 3	26.533 3	290.250 3	
完工产品成本	24 053.96	31 840.72	3 184.00	34 830.04	93 908.71
单位成本	200.45	265.34	26.53	290.25	782.57
期末在产品成本	12 026.98	7 960.17	796.00	8 707.50	29 490.66

19. 丁产品成本计算表

附表 6-19　　　　　　　　　　丁产品成本计算表

摘　要	材料费用	人工费用	燃料动力	制造费用	合　计
期初在产品成本	4 568.00	2 678.00	398.00	4 128.00	11 772.00
本期生产费用	44 375.06	24 122.59	2 400.00	26 358.46	97 256.11
生产费用合计	48 943.06	26 800.59	2 798.00	30 486.46	109 028.11
完工数量	100	100	100	100	
月末在产品约当产量	140	70	70	70	
费用分配产量合计	240	170	170	170	
分配率	203.929 4	157.650 5	16.458 8	179.332 1	
完工产品成本	20 392.94	15 765.05	1 645.88	17 933.21	55 737.08
单位成本	203.93	157.65	16.46	179.33	557.37
期末在产品成本	28 550.12	11 035.54	1 152.12	12 553.25	53 291.03

编制完工产品入库的会计分录：

借：库存商品——甲产品　　　　　　　　　　　　　　64 426.99
　　　　　　——乙产品　　　　　　　　　　　　　　88 294.43
　　　　　　——丙产品　　　　　　　　　　　　　　93 908.71
　　　　　　——丁产品　　　　　　　　　　　　　　55 737.08
　　贷：基本生产成本——甲产品　　　　　　　　　　64 426.99
　　　　　　　　　　——乙产品　　　　　　　　　　88 294.43
　　　　　　　　　　——丙产品　　　　　　　　　　93 908.71
　　　　　　　　　　——丁产品　　　　　　　　　　55 737.08

第七章 分 批 法

实训一 分 批 法

1. 编制材料费用分配表

附表 7-1　　　　　　　　　材料费用分配表

应借账户		成本项目	金　额
基本生产成本	0101 批	直接材料	0
	0208 批	直接材料	3 268
	0303 批	直接材料	139 860
	0305 批	直接材料	130 402
	小　计		273 530
辅助生产成本	机修车间	材料	2 610
	运输车间	材料	586
	小　计		3 196
制造费用	基本生产车间	材料	416
管理部门用		材料	248
合　计			277 390

编制分配材料费用的会计分录：

借：基本生产成本——0208 批儿童床　　　　　　3 268.00
　　　　　　　——0303 批梳妆台　　　　　　139 860.00
　　　　　　　——0305 批书柜　　　　　　　130 402.00
　　辅助生产成本——机修车间　　　　　　　　2 610.00
　　　　　　　——运输车间　　　　　　　　　586.00
　　制造费用　　　　　　　　　　　　　　　　416.00
　　管理费用　　　　　　　　　　　　　　　　248.00
　　贷：原材料　　　　　　　　　　　　　　277 390.00

2. 编制职工薪酬分配表

附表 7-2　　　　　　　　　职工薪酬分配表

应借账户		工资分配					提取 14% 福利费	提取 12% 养老保险	合计
		工人工资分配记录			直接计入工资	小计			
		生产工时	分配率	分配金额					
基本生产成本	0101	300		9 450		9 450	1 323	1 134	11 907
	0208	270		8 505		8 505	1 190.7	1 020.6	10 716.3
	0303	220		6 930		6 930	970.2	831.6	8 731.8

(续表)

应借账户		工资分配			直接计入工资	小计	提取14%福利费	提取12%养老保险	合计
		工人工资分配记录							
		生产工时	分配率	分配金额					
基本生产成本	0305	210		6 615		6 615	926.1	793.8	8 334.9
	小计	1 000	31.5	31 500		31 500	4 410	3 780	39 690
辅助生产成本	机修车间				10 866	10 866	1 521.24	1 303.92	13 691.16
	运输车间				9 520	9 520	1 332.8	1 142.4	11 995.2
	小计				20 386	20 386	2 854.04	2 446.32	25 686.36
制造费用	基本生产车间				2 640	2 640	369.6	316.8	3 326.4
	小计				2 640	2 640	369.6	316.8	3 326.4
行政管理部门					5 004	5 004	700.56	600.48	6 305.04
合计				31 500	28 030	59 530	8 334.2	7 143.6	75 007.8

编制职工薪酬分配的会计分录：

借：基本生产成本——0101 批五门立柜　　　　　　　　　　　　　11 907.00
　　　　　　　　——0208 批儿童床　　　　　　　　　　　　　　10 716.30
　　　　　　　　——0303 批梳妆台　　　　　　　　　　　　　　 8 731.80
　　　　　　　　——0305 批书柜　　　　　　　　　　　　　　　 8 334.90
　　辅助生产成本——机修车间　　　　　　　　　　　　　　　　 13 691.16
　　　　　　　　——运输车间　　　　　　　　　　　　　　　　 11 995.20
　　制造费用　　　　　　　　　　　　　　　　　　　　　　　　　3 326.40
　　管理费用　　　　　　　　　　　　　　　　　　　　　　　　　6 305.04
　　贷：应付职工薪酬——工资　　　　　　　　　　　　　　　　　59 530
　　　　　　　　　　——职工福利　　　　　　　　　　　　　　　 8 334.20
　　　　　　　　　　——社会保险　　　　　　　　　　　　　　　 7 143.60

3. 提取折旧计算表

附表 7-3　　　　　　　　　　　折旧计算表

部门		资产类型	折旧率	资产类型	折旧率	合计
		房屋建筑物	0.30%	机器设备	0.80%	
		原值	月折旧额	原值	月折旧额	
基本生产车间		150 000.00	450	163 450.00	1 307.60	1 757.60
辅助生产车间	机修车间	123 400.00	370.2	46 840.00	374.72	744.92
	运输车间	156 280.00	468.84	32 568.00	260.54	729.38
行政管理部门		234 680.00	704.04		0.00	704.04
合计		664 360.00	1 993.08	242 858.00	1 942.86	3 935.94

编制提取折旧的会计分录：

    借：制造费用   1 757.60
        辅助生产成本——机修车间   744.92
                    ——运输车间   729.38
        管理费用   704.04
        贷：累计折旧   3 935.94

4. 编制分配其他费用的会计分录：

    借：制造费用   3 482
        辅助生产成本——机修车间   2 334
                    ——运输车间   2 797
        管理费用   6 242
        贷：银行存款   14 855

5. 机修车间辅助生产成本明细账

附表 7-4　　　　　　　机修车间辅助生产成本明细账

20××年		凭证字号	摘要	借方金额分析				借方合计	贷方	余额
月	日			原材料	工资费用	折旧费	其他费用			
			材料分配表	2 610				2 610		2 610
			薪酬分配表		13 691.16			13 691.16		16 301.16
			折旧分配表			744.92		744.92		17 046.08
			其他费用分配表				2 334	2 334		19 380.08
			辅助生产费用分配表						19 380.08	
			合计	2 610	13 691.16	744.92	2 334	19 380.08	19 380.08	0

6. 运输车间辅助生产成本明细账

附表 7-5　　　　　　　运输车间辅助生产成本明细账
20××年

20××年		凭证字号	摘要	借方金额分析				借方合计	贷方	余额
月	日			原材料	工资费用	折旧费	其他费用			
			材料分配表	586.00				586.00		586.00
			薪酬分配表		11 995.20			11 995.20		12 581.20
			折旧分配表			729.38		729.38		13 310.58
			其他费用分配表				2 797.00	2 797.00		16 107.58
			辅助生产费用分配表						16 107.58	
			合计	586.00	11 995.20	729.38	2 797.00	16 107.58	16 107.58	0.00

7. 辅助生产费用分配表(直接分配法)

附表 7-6　　　　　　　　　辅助生产费用分配表(直接分配法)

项　　目		机修车间	运输车间	合　计
待分配费用		19 380.08	16 107.58	35 487.66
对外提供劳务量		2 000	40 000	
分配率		9.69	0.402 7	
基本生产车间	耗用数量	1 800	25 000	
	分配金额	17 442	10 067.50	27 509.50
管理部门	耗用数量	200	15 000	
	分配金额	1 938.08	6 040.08	7 978.16
合　　计		19 380.08	16 107.58	35 487.66

编制分配辅助生产费用的会计分录：

借：制造费用　　　　　　　　　　　　　　　　　　27 509.50
　　管理费用　　　　　　　　　　　　　　　　　　 7 978.16
　　贷：辅助生产成本——机修车间　　　　　　　　19 380.08
　　　　　　　　　　——运输车间　　　　　　　　16 107.58

8. 制造费用明细账

附表 7-7　　　　　　　　　　　制造费用明细账

年		凭证		摘要	借方金额分析						合计	贷方	余额
月	日	字	号		原材料	工资费用	折旧费	其他费用	修理费	运输费			
				材料分配表	416						416		416
				薪酬分配表		3 326.4					3 326.4		3 742.4
				折旧分配表			1 757.6				1 757.6		5 500
				其他费用分配表				3 482			3 482		8 982
				辅助生产费用分配表					17 442	10 067.5	27 509.5		36 491.5
				制造费用分配表								36 491.5	
				合计	416	3 326.4	1 757.6	3 482	17 442	10 067.5	36 491.5	36 491.5	0

9. 制造费用分配表

附表 7-8　　　　　　　　　　　制造费用分配表

产品名称	生产工时	分配率	金额
0101	300		10 947.45
0208	270		9 852.71
0303	220		8 028.13

(续表)

产品名称	生产工时	分配率	金额
0305	210		7 663.21
合计	1 000	36.491 5	36 491.50

编制分配基本生产车间制造费用的会计分录：

借：基本生产成本——0101 批五门立柜　　　　　　　10 947.45
　　　　　　　——0208 批儿童床　　　　　　　　　 9 852.71
　　　　　　　——0303 批梳妆台　　　　　　　　　 8 028.13
　　　　　　　——0305 批书柜　　　　　　　　　　 7 663.21
　　贷：制造费用　　　　　　　　　　　　　　　　　36 491.50

10. 0101 批产品计算单

附表 7-9　　　　　　　　　　0101 批产品计算单

摘　要	数量	材料费用	人工费用	制造费用	合计
期初在产品成本		85 686	2 368	3 289	91 343
本期生产费用			11 907	10 947.45	22 854.45
生产费用合计		85 686	14 275	14 236.45	114 197.45
本批所有产品成本		85 686	14 275	14 236.45	114 197.45
单位成本	20	4 284.3	713.75	711.822 5	5 709.872 5
期末在产品成本					0

11. 0208 批产品计算单

附表 7-10　　　　　　　　　　0208 批产品计算单

摘　要	数量	材料费用	人工费用	制造费用	合计
期初在产品成本		45 784	1 247	1 654	48 685
本期生产费用		3 268.00	10 716.30	9 852.71	23 837.01
生产费用合计		49 052.00	11 963.30	11 506.71	72 522.01
本月完工产品成本	25	31 400	11 700	9 600	52 700
单位产品计划成本		1 256	468	384	2 108
期末在产品成本		17 652.00	263.30	1 906.71	19 822.01

12. 0303 批产品计算单

附表 7-11　　　　　　　　　　0303 批产品计算单

摘　要	数量	材料费用	人工费用	制造费用	合计
期初在产品成本					0
本期生产费用	10	139 860	8 731.8	8 028.13	156 619.93
生产费用合计		139 860	8 731.8	8 028.13	156 619.93

13. 0305 批产品计算单

附表 7-12　　　　　　　　　　0305 批产品计算单

摘要	数量	材料费用	人工费用	制造费用	合计
期初在产品成本					0
本期生产费用		130 402.00	8 334.90	7 663.21	146 400.11
生产费用合计		130 402.00	8 334.90	7 663.21	146 400.11
本月完工产品成本	8	130 402.00	8 334.90	7 663.21	146 400.11
单位成本		16 300.25	1 041.86	957.90	18 300.01
期末在产品成本					0

编制各批完工产品入库的会计分录：

借：库存商品——0101 批五门立柜　　　　　　　　114 197.45
　　　　　　——0208 批儿童床　　　　　　　　　 527 00.00
　　　　　　——0305 批书柜　　　　　　　　　　 146 400.11
　　贷：基本生产成本——0101 批五门立柜　　　　 114 197.45
　　　　　　　　——0208 批儿童床　　　　　　　　52 700.00
　　　　　　　　——0305 批书柜　　　　　　　　　146 400.11

实训二　简化的分批法

1. 基本生产成本二级账

附表 7-13　　　　　　　　　　基本生产成本二级账

20××年		凭证	摘要	生产工时	成本项目			合计
月	日				直接材料	直接人工	制造费用	
4	30	（略）	期初生产工时和在产品成本	7 625	13 752	45 683	23 468	82 903
4	30	（略）	本月生产费用及生产工时	7 850	69 804	47 167	38 432	155 403
	30		累计数	15 475	83 556	92 850	61 900	238 306
	30		累计间接费用分配率			6	4	
	30		本月完工产品转出	6 400	55 218	38 400	25 600	119 218
	30		期末生产工时和在产品成本	9 075	28 338	54 450	36 300	119 088

2. 201 批 A 零件成本明细账

附表 7-14　　　　　　　　　　201 批 A 零件成本明细账

20××年		凭证	摘要	生产工时	成本项目			合计
月	日				直接材料	直接人工	制造费用	
2	28	（略）	本月材料费用及生产工时	1 500	1 680			
3	31	（略）	本月材料费用及生产工时	1 400	2 470			

（续表）

20××年		凭证	摘 要	生产工时	成 本 项 目			合 计
月	日				直接材料	直接人工	制造费用	
4	30	（略）	本月材料费用及生产工时	300	3 468			
	30		累计数	3 200	7 618			
	30		累计间接费用分配率			6	4	
	30		本月完工产品转出	3 200	7 618	19 200	12 800	39 618
	30		完工产品单位成本		63.48	160.00	106.67	330.15

3. 217批A零件成本明细账

附表 7-15   217批A零件成本明细账

20××年		凭证	摘 要	生产工时	成 本 项 目			合 计
月	日				直接材料	直接人工	制造费用	
2	28	（略）	本月材料费用及生产工时	800	2 200			
3	31	（略）	本月材料费用及生产工时	1 200				
4	30	（略）	本月材料费用及生产工时	460				
	30		累计数	2 460	2 200			
	30		累计间接费用分配率			6	4	
	30		本月完工产品转出	1 200	800	7 200	4 800	12 800
	30		完工产品单位成本		20	180	120	320

4. 303批C零件明细账

附表 7-16   303批C零件明细账

20××年		凭证	摘 要	生产工时	成 本 项 目			合 计
月	日				直接材料	直接人工	制造费用	
3	31	（略）	本月材料费用及生产工时	1 800	2 876			
4	30	（略）	本月材料费用及生产工时	1 500	2 486			

5. 315批D零件明细账

附表 5   315批D零件明细账

20××年		凭证	摘 要	生产工时	成 本 项 目			合 计
月	日				直接材料	直接人工	制造费用	
3	31	（略）	本月材料费用及生产工时	925	4 526			
4	30	（略）	本月材料费用及生产工时	1 200	2 312			

6. 401 批 E 零件明细账

附表 7-18　　　　　　　　　401 批 E 零件明细账

20××年		凭证	摘要	生产工时	成本项目			合计
月	日				直接材料	直接人工	制造费用	
4	30	（略）	本月材料费用及生产工时	1 250	1 258			

7. 405 批 F 零件明细账

附表 7-19　　　　　　　　　405 批 F 零件明细账

20××年		凭证	摘要	生产工时	成本项目			合计
月	日				直接材料	直接人工	制造费用	
4	30	（略）	本月材料费用及生产工时	1 140	13 480			

8. 410 批 G 零件明细账

附表 7-20　　　　　　　　　410 批 G 零件明细账

20××年		凭证	摘要	生产工时	成本项目			合计
月	日				直接材料	直接人工	制造费用	
4	30	（略）	本月材料费用及生产工时	2 000	46 800			
	30		累计数	2 000	46 800			
	30		累计间接费用分配率			6	4	
	30		本月完工产品转出	2 000	46 800	12 000	8 000	66 800
	30		完工产品单位成本		585	150	100	835

第八章　分　步　法

实训一　逐步结转分步法

1. 分配材料费用

1）领料凭证汇总表 1

附表 8-1　　　　　　　　　领料凭证汇总表 1

材料	单位	计划单价	基本生产车间产品用										合计	
			铸造车间				加工车间				装配车间		数量	金额
			铣床		刨床		铣床		刨床		铣床	刨床		
			数量	金额	数量	金额	数量	金额	数量	金额	数量 金额	数量 金额		
圆钢	吨	3 000					11	33 000	15	45 000			26	78 000
生铁	吨	2 400	30	72 000	20	48 000							50	120 000
原料合计				72 000		48 000		33 000		45 000				198 000

(续表)

材料	单位	计划单价	基本生产车间产品用										合计	
			铸造车间				加工车间				装配车间		数量	金额
			铣床		刨床		铣床		刨床		铣床		刨床			
			数量	金额	数量	金额	数量	金额	数量	金额	数量	金额	数量	金额		
焦炭	吨	810	10	8 100	12	9 720	5	4 050	6	4 860					33	26 730
煤	吨	600	9	5 400	11	6 600	5	3 000	7	4 200					32	19 200
燃料合计				13 500		16 320		7 050		9 060						45 930
轴承1	套	160									200	32 000			200	32 000
轴承2	套	110											300	33 000	300	33 000
半成品合计												32 000		33 000		65 000
润滑油	千克	4									25	100	45	180	70	280
辅助材料合计												100		180		280
螺丝螺母	套	2.1									100	210	200	420	300	630
周转材料合计												210		420		630
合计				85 500		64 320		40 050		54 060		32 310		33 600		309 840

2）领料凭证汇总表2

附表8-2　　　　　　领料凭证汇总表2

材料名称	单位	计划价格	辅助生产车间				基本生产车间用						销售		厂部		合计	
			机修		供汽		铸造		加工		装配		数量	金额	数量	金额	数量	金额
			数量	金额	数量	金额	数量	金额	数量	金额	数量	金额						
工具	个	120	15	1 800	6	720	9	1 080	25	3 000	10	1 200					65	7 800
手套	打	90	4	360	5	450	20	1 800	30	2 700	10	900					69	6 210
工作服	套	200	10	2 000	6	1 200	8	1 600	10	2 000	15	3 000	6	1 200	10	2 000	65	13 000
周转材料合计				4 160		2 370		4 480		7 700		5 100		1 200		2 000		27 010
合计				4 160		2 370		4 480		7 700		5 100		1 200		2 000		27 010

3) 领料凭证汇总表 3

附表 8-3

领料凭证汇总表 3

材料	单位	计划单价	基本生产车间产品用												辅助生产		合计	
			铸造车间				加工车间				装配车间				机修车间			
			铣床		刨床		铣床		刨床		铣床		刨床					
			数量	金额	数量	金额	数量	金额	数量	金额	数量	金额	数量	金额	数量	金额	数量	金额
圆钢	吨	3 000					10	30 000	11	33 000					2	6 000	23	69 000
生铁	吨	2 400	10	24 000	10	24 000											20	48 000
原料合计				24 000		24 000		30 000		33 000						6 000		117 000
焦炭	吨	810	10	8 100	6	4 860	5	4 050	7	5 670							28	22 680
煤	吨	600	5	3 000	10	6 000	6	3 600	7	4 200							28	16 800
燃料合计				11 100		10 860		7 650		9 870								39 480
轴承 1	套	160									300	48 000					300	48 000
轴承 2	套	110											200	22 000			200	22 000
半成品合计												48 000		22 000				70 000
润滑油	千克	4													100	400	100	400
油漆	千克	20									30	600	50	1 000			80	1 600
辅助材料合计												600		1 000		400		2 000
包装箱	个	100									50	5 000	30	3 000			80	8 000
周转材料合计												5 000		3 000				8 000
合计				35 100		34 860		37 650		42 870		53 600		26 000		6 400		236 480

4）按计划成本分配材料费用(转 1)

借：基本生产成本——铸造车间——铣床	120 600
——刨床	99 180
——加工车间——铣床	77 700
——刨床	96 930
——装配车间——铣床	85 910
——刨床	59 600
辅助生产成本——机修车间	10 560
——供汽车间	2 370
制造费用——铸造车间	4 480
——加工车间	7 700
——装配车间	5 100
销售费用	1 200
管理费用	2 000
贷：原材料——原料及主要材料——生铁	168 000
——圆钢	147 000
——燃料——煤	36 000
——焦炭	49 410
外购半成品——轴承 1	80 000
——轴承 2	55 000
辅助材料——油漆	1 600
——润滑油	680
周转材料——劳动保护用品——工作服	13 000
——手套	6 210
——附件——螺丝螺母	630
——工具	7 800
——包装箱	8 000

5）结转材料成本差异(转 2)

借：基本生产成本——铸造车间——铣床	1 206.00
——刨床	991.80
——加工车间——铣床	777.00
——刨床	969.30
——装配车间——铣床	859.10
——刨床	596.00
辅助生产成本——机修车间	105.60
——供汽车间	23.70
制造费用——铸造车间	44.80
——加工车间	77.00
——装配车间	51.00
销售费用	12.00
管理费用	20.00
贷：材料成本差异——原料及主要材料——生铁	1 680.00

```
                    ——圆钢                          1 470.00
            ——燃料——煤                              360.00
                    ——焦炭                            494.10
    外购半成品——轴承 1                              800.00
              ——轴承 2                              550.00
    辅助材料——油漆                                    16.00
            ——润滑油                                   6.80
    周转材料——劳动保护用品——工作服                 130.00
                          ——手套                    62.10
            ——附件——螺丝螺母                          6.30
            ——工具                                    78.00
            ——包装箱                                  80.00
```

2. 职工薪酬分配表

附表 8-4　　　　　　　　　职工薪酬分配表

账户	部门	产品、劳务	定额工时	分配率	职工薪酬分配额
加工	铸造车间	铣床	3 800		91 526.04
		刨床	1 200		28 902.84
		合计	5 000	24.085 8	120 428.88
	加工车间	铣床	3 400		61 430.18
		刨床	2 600		46 976.14
		合计	6 000	18.067 7	108 406.32
	装配车间	铣床	4 200		45 517.5
		刨床	3 800		41 182.74
		合计	8 000	10.837 5	86 700.24
辅助生产成本	机修车间				53 328
	供汽车间				59 912.16
	合　计				113 240.16
制造费用	铸造车间				42 841.92
	加工车间				33 158.4
	装配车间				26 223.12
销售费用	销售部门				32 419.2
管理费用	管理部门				164 340
合　　　计					727 758.24

分配职工薪酬(转 3)

```
    借：基本生产成本——铸造车间——铣床                 91 526.04
                              ——刨床                 28 902.84
              ——加工车间——铣床                       61 430.18
```

——刨床		46 976.14
——装配车间——铣床		45 517.50
——刨床		41 182.74
辅助生产成本——机修车间		53 328.00
——供汽车间		59 912.16
制造费用——铸造车间		42 841.92
——加工车间		33 158.40
——装配车间		26 223.12
销售费用		32 419.20
管理费用		164 340.00
贷：应付职工薪酬——工资		551 332.00
——医疗保险		44 106.56
——养老保险		66 159.84
——失业保险		11 026.64
——工伤保险		5 513.32
——生育保险		5 513.32
——住房公积金		19 296.62
——工会经费		11 026.64
——教育经费		13 783.30

3. 水费分配表

附表 8-5　　　　　　　　　　水费分配表

用水部门	单价(元/吨)	用水量	分配费用
铸造车间	5.5	4 000	22 000
加工车间		2 000	11 000
装配车间		1 000	5 500
机修车间		500	2 750
供汽车间		600	3 300
销售部门		50	275
厂部		550	3 025
合计		8 700	47 850

分配水费(付1)

借：辅助生产成本——机修车间	2 750
——供气车间	3 300
制造费用——铸造车间	22 000
——加工车间	11 000
——装配车间	5 500
销售费用	275

		管理费用					3 025
		应交税费——应交增值税(进项税额)					2 871
		贷：银行存款					50 721

4. 电费分配表

附表 8-6　　　　　　　　　　　电费分配表

应借账户	受益对象		定额工时	分配率	用电量	分配率	费用
基本生产成本	铸造车间产品	铣床	3 800				3 952
		刨床	1 200				1 248
		合计	5 000	1.04	4 000		5 200
	加工车间产品	铣床	3 400				4 420
		刨床	2 600				3 380
		合计	6 000	1.3	6 000		7 800
	装配车间产品	铣床	4 200				2 730
		刨床	3 800				2 470
		合计	8 000	0.65	4 000		5 200
制造费用	铸造车间				400		520
	加工车间				500		650
	装配车间				2 000		2 600
辅助生产成本	机修车间				2 100		2 730
	供汽车间				2 600		3 380
销售费用	销售部门				1 400		1 820
管理费用	厂部				1 000		1 300
合　计					24 000	1.3	31 200

分配电费(付 2)

借：基本生产成本——铸造车间——铣床	3 952
——刨床	1 248
——加工车间——铣床	4 420
——刨床	3 380
——装配车间——铣床	2 730
——刨床	2 470
辅助生产成本——机修车间	2 730
——供汽车间	3 380
制造费用——铸造车间	520
——加工车间	650
——装配车间	2 600
销售费用	1 820
管理费用	1 300
应交税费——应交增值税(进项税额)	5 304

贷：银行存款　　　　　　　　　　　　　　　　　　　　　　　36 504

5. 辅助生产机修车间支付修理费用给天津富华修理厂(付3)

借：辅助生产成本——机修车间　　　　　　　　　　　　　　24 000
　　应交税费——应交增值税(进项税额)　　　　　　　　　　 4 080
　　贷：银行存款　　　　　　　　　　　　　　　　　　　　28 080

6. 计算表折旧表

附表 8-7　　　　　　　　　　折旧费用计算表

项	目	原值	月折旧率	月折旧额
铸造车间	房屋建筑物	410 000	0.42%	1 722
	机器设备	520 000	1.86%	9 672
	小计	930 000		11 394
加工车间	房屋建筑物	350 000	0.42%	1 470
	机器设备	460 000	1.86%	8 556
	小计	810 000		10 026
装配车间	房屋建筑物	300 000	0.42%	1 260
	机器设备	480 000	1.86%	8 928
	小计	780 000		10 188
机修车间	房屋建筑物	180 000	0.42%	756
	机器设备	240 000	1.86%	4 464
	小计	420 000		5 220
供汽车间	房屋建筑物	430 000	0.42%	1 806
	机器设备	320 000	1.86%	5 952
	小计	750 000		7 758
专设销售机构	房屋建筑物	330 000	0.42%	1 386
	小计	330 000		1 386
厂部管理机构	房屋建筑物	800 000	0.42%	3 360
	机器设备	200 000	1.86%	3 720
	小计	1 000 000		7 080
合	计	5 020 000		49 692

分配提取折旧费用(转4)

借：辅助生产成本——机修车间　　　　　　　　　　　　　　 5 220
　　　　　　　　　——供汽车间　　　　　　　　　　　　　 7 758
　　制造费用——铸造车间　　　　　　　　　　　　　　　　11 394
　　　　　　——加工车间　　　　　　　　　　　　　　　　10 026

　　　　　　——装配车间　　　　　　　　　　　　　　　　　　　　　　10 188
　　　销售费用　　　　　　　　　　　　　　　　　　　　　　　　　　　1 386
　　　管理费用　　　　　　　　　　　　　　　　　　　　　　　　　　　7 080
　　　贷：累计折旧　　　　　　　　　　　　　　　　　　　　　　　　　49 692

7. 分配其他费用（付 4）

　　　借：辅助生产成本——机修车间　　　　　　　　　　　　　　　　4 500
　　　　　　　　　　　——供汽车间　　　　　　　　　　　　　　　　6 450
　　　制造费用——铸造车间　　　　　　　　　　　　　　　　　　　　10 440
　　　　　　——加工车间　　　　　　　　　　　　　　　　　　　　　7 850
　　　　　　——装配车间　　　　　　　　　　　　　　　　　　　　　7 680
　　　销售费用　　　　　　　　　　　　　　　　　　　　　　　　　　　8 500
　　　管理费用　　　　　　　　　　　　　　　　　　　　　　　　　　　16 600
　　　贷：银行存款　　　　　　　　　　　　　　　　　　　　　　　　　62 020

8. 辅助生产成本——机修车间明细账

附表 8-8　　　　　　　　辅助生产成本——机修车间明细账

户名：机修车间

20×× 年		凭证		摘要	借方金额分析						借方合计	贷方	余额
月	日	字	号		原材料	工资费用	折旧费	其他费用	水费	电费			
12	31	转	1	材料分配表	10 560						10 560		10 560
		转	2	分配材料成本差异	105.6						105.6		10 665.6
		转	3	薪酬分配表		53 328					53 328		63 993.6
		付	1	水费分配表					2 750		2 750		66 743.6
		付	2	电费分配表						2 730	2 730		69 473.6
		付	3	支付修理劳务费用				24 000			24 000		93 473.6
		转	4	折旧分配表			5 220				5 220		98 693.6
		付	4	其他费用分配表				4 500			4 500		103 193.6
		转	5	辅助生产费用分配表				3 600			3 600		106 793.6
		转	5	辅助生产费用分配表								100 800	
		转	6	辅助生产费用分配表								5 993.6	
				合计	10 665.6	53 328	5 220	32 100	2 750	2 730	106 793.6	106 793.6	0

9. 辅助生产成本——供汽车间明细账

附表 8-9　　　　　　　　辅助生产成本——供汽车间明细账

户名：供汽车间

20××年		凭证		摘　要	借方金额分析						借方合计	贷方	余额
月	日	字	号		原材料	工资费用	折旧费	其他费用	水费	电费			
12	31	转	1	材料分配表	2 370						2 370		2 370
		转	2	分配材料成本差异	23.7						23.7		2 393.7
		转	3	薪酬分配表		59 912.16					59 912.16		62 305.86
		付	1	水费分配表					3 300		3 300		65 605.86
		付	2	电费分配表						3 380	3 380		68 985.86
		转	4	折旧分配表			7 758				7 758		76 743.86
		付	4	其他费用分配表				6 450			6 450		83 193.86
		转	5	辅助生产费用分配表				9 000			9 000		92 193.86
		转	5	辅助生产费用分配表								87 480	
		转	6	辅助生产费用分配表								4 713.86	
				合计	2 393.7	59 912.16	7 758	15 450	3 300	3 380	92 193.86	92 193.86	0

10. 辅助生产费用分配表（一）

附表 8-10　　　　　　　　辅助生产费用分配表（一）

项　目		机修车间		供汽车间		费用合计
		数量	金额	数量	金额	
待分配费用			103 193.6		83 193.86	
提供劳务量			11 200		48 600	
计划单位成本			9		1.8	
辅助生产车间耗用	机修车间			2 000	3 600	3 600
	供汽车间	1 000	9 000			9 000
铸造车间产品耗用				12 000	21 600	21 600
加工车间产品耗用				15 000	27 000	27 000
装配车间产品耗用				10 000	18 000	18 000
基本生产车间耗用	铸造车间	2 000	18 000	2 100	3 780	21 780
	加工车间	3 000	27 000	2 500	4 500	31 500
	装配车间	4 200	37 800	1 000	1 800	39 600
行政部门耗用		200	1 800	3 000	5 400	7 200
销售部门耗用		800	7 200	1 000	1 800	9 000

(续表)

项　目	机修车间		供汽车间		费用合计
	数量	金额	数量	金额	
按计划成本合计	11 200	100 800	48 600	87 480	188 280
辅助生产实际成本		106 793.6		92 193.86	198 987.46
辅助生产成本差异		5 993.6		4 713.86	10 707.46

11. 辅助生产费用分配表(二)

附表 8-11　　　　辅助生产费用分配表(二)

车间名称	产品名称	工时定额	分配率	分配金额
铸造车间	铣床	3 800		16 416
	刨床	1 200		5 184
	合计	5 000	4.32	21 600
加工车间	铣床	3 400		15 300
	刨床	2 600		11 700
	合计	6 000	4.5	27 000
装配车间	铣床	4 200		9 450
	刨床	3 800		8 550
	合计	8 000	2.25	18 000

分配辅助生产费用

1) 按照计划成本进行分配(转 5)

借：基本生产成本——铸造车间——铣床　　　　　　　　　　　16 416
　　　　　　　　　　　　　　　——刨床　　　　　　　　　　　 5 184
　　　　　　　　——加工车间——铣床　　　　　　　　　　　15 300
　　　　　　　　　　　　　　　——刨床　　　　　　　　　　　11 700
　　　　　　　　——装配车间——铣床　　　　　　　　　　　 9 450
　　　　　　　　　　　　　　　——刨床　　　　　　　　　　　 8 550
　　辅助生产成本——机修车间　　　　　　　　　　　　　　　 3 600
　　　　　　　　——供汽车间　　　　　　　　　　　　　　　 9 000
　　制造费用——铸造车间　　　　　　　　　　　　　　　　　21 780
　　　　　　——加工车间　　　　　　　　　　　　　　　　　31 500
　　　　　　——装配车间　　　　　　　　　　　　　　　　　39 600
　　销售费用　　　　　　　　　　　　　　　　　　　　　　　 9 000
　　管理费用　　　　　　　　　　　　　　　　　　　　　　　 7 200
　　贷：辅助生产成本——机修　　　　　　　　　　　　　　　100 800
　　　　　　　　　　——供汽　　　　　　　　　　　　　　　 87 480

2) 分配差异(转 6)

借：管理费用　　　　　　　　　　　　　　　　　　　　　　10 707.46
　　贷：辅助生产成本——机修　　　　　　　　　　　　　　 5 993.60
　　　　　　　　　　——供汽　　　　　　　　　　　　　　 4 713.86

12. 制造费用——铸造车间明细账

附表 8-12　　　　　　　制造费用——铸造车间明细账

户名:铸造车间

20×× 年		凭证		摘要	借方金额分析						借方合计	贷方	余额
月	日	字	号		原材料	工资费用	折旧费	其他费用	水费	电费			
12	31	转	1	材料分配表	4 480						4 480		4 480
		转	2	分配材料成本差异	44.8						44.8		4 524.8
		转	3	薪酬分配表		42 841.92					42 841.92		47 366.72
		付	1	水费分配表					22 000		22 000		69 366.72
		付	2	电费分配表						520	520		69 886.72
		转	4	折旧分配表			11 394				11 394		81 280.72
		付	4	其他费用分配表				10 440			10 440		91 720.72
		转	5	辅助生产费用分配表				21 780			21 780		113 500.72
		转	7	制造费用分配表								113 500.72	
				合计	4 524.8	42 841.92	11 394	32 220	22 000	520	113 500.72	113 500.72	0

13. 制造费用——加工车间明细账

附表 8-13　　　　　　　制造费用——加工车间明细账

户名:加工车间

20×× 年		凭证		摘要	借方金额分析						借方合计	贷方	余额
月	日	字	号		原材料	工资费用	折旧费	其他费用	水费	电费			
12	31	转	1	材料分配表	7 700						7 700		7 700
		转	2	分配材料成本差异	77						77		7 777
		转	3	薪酬分配表		33 158.4					33 158.4		40 935.4
		付	1	水费分配表					11 000		11 000		51 935.4
		付	2	电费分配表						650	650		52 585.4
		转	4	折旧分配表			10 026				10 026		62 611.4
		付	4	其他费用分配表				7 850			7 850		70 461.4

（续表）

20××年		凭证		摘要	借方金额分析						借方合计	贷方	余额
月	日	字	号		原材料	工资费用	折旧费	其他费用	水费	电费			
		转	5	辅助生产费用分配表				31 500			31 500		101 961.4
		转	7	制造费用分配表								101 961.4	
				合计	7 777	33 158.4	10 026	39 350	11 000	650	101 961.4	101 961.4	0

14. 制造费用——装配车间明细账

附表 8-14　　　　　制造费用——装配车间明细账

户名：装配车间

20××年		凭证		摘要	借方金额分析						借方合计	贷方	余额
月	日	字	号		原材料	工资费用	折旧费	其他费用	水费	电费			
12	31	转	1	材料分配表	5 100						5 100		5 100
		转	2	分配材料成本差异	51						51		5 151
		转	3	薪酬分配表		26 223.12					26 223.12		31 374.12
		付	1	水费分配表					5 500		5 500		36 874.12
		付	2	电费分配表						2 600	2 600		39 474.12
		转	4	折旧分配表			10 188				10 188		49 662.12
		付	4	其他费用分配表				7 680			7 680		57 342.12
		转	5	辅助生产费用分配表				39 600			39 600		96 942.12
		转	7	制造费用分配表								96 942.12	
				合计	5 151	26 223.12	10 188	47 280	5 500	2 600	96 942.12	96 942.12	0

15. 制造费用分配表

附表 8-15　　　　　制造费用分配表

车间名称	产品名称	工时定额	分配率	分配金额
铸造车间	铣床	3 800		86 260.38
	刨床	1 200		27 240.34
	合计	5 000	22.700 1	113 500.72
加工车间	铣床	3 400		57 778.24
	刨床	2 600		44 183.16
	合计	6 000	16.993 6	101 961.4

(续表)

车间名称	产品名称	工时定额	分配率	分配金额
装配车间	铣床	4 200		50 894.76
	刨床	3 800		46 047.36
	合计	8 000	12.117 8	96 942.12

分配制造费用(转7)

借：基本生产成本——铸造车间——铣床　　　　　　　　　　　86 260.38
　　　　　　　　　　　　　　　——刨床　　　　　　　　　　　27 240.34
　　　　　　　　　——加工车间——铣床　　　　　　　　　　　57 778.24
　　　　　　　　　　　　　　　——刨床　　　　　　　　　　　44 183.16
　　　　　　　　　——装配车间——铣床　　　　　　　　　　　50 894.76
　　　　　　　　　　　　　　　——刨床　　　　　　　　　　　46 047.36
　　贷：制造费用——铸造车间　　　　　　　　　　　　　　　113 500.72
　　　　　　　　——加工车间　　　　　　　　　　　　　　　101 961.40
　　　　　　　　——装配车间　　　　　　　　　　　　　　　 96 942.12

16. 铸造车间铣床成本计算表

附表 8-16　　　　　　　　　铸造车间铣床成本计算表

项　　目	直接材料	直接人工	燃料动力	制造费用	合　计
月初在产品费用	31 268	23 894	5 706	22 879	83 747
本月生产费用	121 806	91 526.04	20 368	86 260.38	319 960.42
费用合计	153 074	115 420.04	26 074	109 139.38	403 707.42
约当产量	150	125	125	125	
分配率	1 020.493 3	923.360 3	208.592	873.115	
完工产品成本	102 049.33	92 336.03	20 859.2	87 311.5	302 556.06
月末在产品成本	51 024.67	23 084.01	5 214.8	21 827.88	101 151.36

借：自制半成品——铸造车间——铣床　　　　　　　　　　　302 556.06
　　贷：基本生产成本——铸造车间——铣床　　　　　　　　　302 556.06

17. 铸造车间半成品明细账

附表 8-17　　　　　　　　　铸造车间半成品明细账

摘要	本月月初		本月增加		本月合计			本月减少	
	数量	金额	数量	金额	数量	单位成本	金额	数量	金额
12月	20	60 000	100	302 556.06	120	3 021.3	362 556.06	110	332 343
1月	10	30 213.06							

借：基本生产成本——加工车间——铣床　　　　　　　　　　　332 343.00
　　贷：自制半成品——铸造车间——铣床　　　　　　　　　　332 343.00

18. 加工车间铣床成本计算表

附表 8-18　　　　　　　　　加工车间铣床成本计算表

项目	自制半成品	直接材料	直接人工	燃料动力	制造费用	合计
月初在产品费用	114 382	34 876	28 654	7 548	19 256	204 716
本月生产费用	332 343	78 477	61 430.18	19 720	57 778.24	549 748.42
费用合计	446 725	113 353	90 084.18	27 268	77 034.24	754 464.42
总约当产量	145	135	135	135	135	
分配率	3 080.862 1	839.651 9	667.290 2	201.985 2	570.624	
完工产品成本	385 107.76	104 956.49	83 411.28	25 248.15	71 328.00	670 051.68
月末在产品成本	61 617.24	8 396.51	6 672.90	2 019.85	5 706.24	84 412.74

　　借：自制半成品——加工车间——铣床　　　　　　　　670 051.68
　　　　贷：基本生产成本——加工车间——铣床　　　　　　670 051.68

19. 加工车间半成品明细账

附表 8-19　　　　　　　　　加工车间半成品明细账

摘要	本月月初		本月增加		本月合计			本月减少	
	数量	金额	数量	金额	数量	单位成本	金额	数量	金额
12月	10	56 348	125	670 051.68	135	5 380.74	726 399.68	115	618 785.10
1月	20	107 614.58							

　　借：基本生产成本——装配车间——铣床　　　　　　　618 785.10
　　　　贷：自制半成品——加工车间——铣床　　　　　　　618 785.10

20. 装配车间铣床成本计算表

附表 8-20　　　　　　　　　装配车间铣床成本计算表

项目	自制半成品	直接材料	直接人工	燃料动力	制造费用	合计
月初在产品费用	32 654	4 387	2 456	685	2 560	42 742
本月生产费用	618 785.1	86 769.1	45 517.5	12 180	50 894.76	814 146.46
费用合计	651 439.1	91 156.1	47 973.5	12 865	53 454.76	856 888.46
总约当产量	130	120	120	120	120	
分配率	5 011.07	759.634 2	399.779 2	107.208 3	445.456 3	
完工产品成本	551 217.7	83 559.76	43 975.71	11 792.91	49 000.19	739 546.27
月末在产品成本	100 221.4	7 596.34	3 997.79	1 072.09	4 454.57	117 342.19

　　借：库存商品——铣床　　　　　　　　　　　　　　　739 546.27
　　　　贷：基本生产成本——装配车间——铣床　　　　　　739 546.27

21. 铸造车间刨床成本计算表

附表 8-21　　　　　　　铸造车间刨床成本计算表

项目	直接材料	直接人工	燃料动力	制造费用	合计
月初在产品费用	28 742	12 673	8 420	4 108	53 943
本月生产费用	100 171.8	28 902.84	6 432	27 240.34	162 746.98
费用合计	128 913.8	41 575.84	14 852	31 348.34	216 689.98
总约当产量	130	110	110	110	
分配率	991.644 6	377.962 2	135.018 2	284.984 9	
完工产品成本	89 248.01	34 016.60	12 151.64	25 648.64	161 064.89
月末在产品成本	39 665.79	7 559.24	2 700.36	5 699.70	55 625.09

借：自制半成品——铸造车间——刨床　　　　　　　　　　　　161 064.89
　　贷：基本生产成本——铸造车间——刨床　　　　　　　　　　161 064.89

22. 铸造车间刨床半成品明细账

附表 8-22　　　　　　　铸造车间刨床半成品明细账

摘要	本月月初		本月增加		本月合计			本月减少	
	数量	金额	数量	金额	数量	单位成本	金额	数量	金额
12月	30	51 028	90	161 064.89	120	1 767.44	212 092.89	110	194 418.40
1月	10	17 674.49							

借：基本生产成本——加工车间——刨床　　　　　　　　　　　　194 418.40
　　贷：自制半成品——铸造车间——刨床　　　　　　　　　　　194 418.40

23. 加工车间刨床成本计算表

附表 8-23　　　　　　　加工车间刨床成本计算表

项目	自制半成品	直接材料	直接人工	燃料动力	制造费用	合计
月初在产品费用	82 876	38 964	20 324	6 784	15 876	164 824
本月生产费用	194 418.4	97 899.3	46 976.14	15 080	44 183.16	398 557
费用合计	277 294.4	136 863.3	67 300.14	21 864	60 059.16	563 381
总约当产量	145	135	135	135	135	
分配率	1 912.375 2	1 013.802 2	498.519 6	161.955 6	444.882 7	
完工产品成本	239 046.90	126 725.28	62 314.95	20 244.45	55 610.34	503 941.91
月末在产品成本	38 247.50	10 138.03	4 985.19	1 619.55	4 448.82	59 439.09

借：自制半成品——加工车间——刨床　　　　　　　　　　　　503 941.91
　　贷：基本生产成本——加工车间——刨床　　　　　　　　　　503 941.91

24. 加工车间刨床半成品明细账

附表 8-24　　　　　　　　　加工车间刨床半成品明细账

摘要	本月月初		本月增加		本月合计			本月减少	
	数量	金额	数量	金额	数量	单位成本	金额	数量	金额
12月	22	89 124	125	503 941.91	147	4 034.46	593 065.91	115	463 962.9
1月	32	129 103.02							

　　借：基本生产成本——装配车间——刨床　　　　　　　　　　　463 962.90
　　　　贷：自制半成品——加工车间——刨床　　　　　　　　　　463 962.90

25. 装配车间刨床成本计算表

附表 8-25　　　　　　　　　装配车间刨床成本计算表

项　　目	自制半成品	直接材料	直接人工	燃料动力	制造费用	合计
月初在产品费用	220 186	31 786	20 732	4 988	25 378	303 070
本月生产费用	463 962.9	60 196	41 182.74	11 020	46 047.36	622 409
费用合计	684 148.9	91 982	61 914.74	16 008	71 425.36	925 479
总约当产量	140	130	130	130	130	
分配率	4 886.777 9	707.553 8	476.267 2	123.138 5	549.425 8	
完工产品成本	586 413.35	84 906.46	57 152.06	14 776.62	65 931.10	809 179.58
月末在产品成本	97 735.55	7 075.54	4 762.68	1 231.38	5 494.26	116 299.42

　　借：库存商品——刨床　　　　　　　　　　　　　　　　　　　809 179.58
　　　　贷：基本生产成本——装配车间——刨床　　　　　　　　　809 179.58

26. 铣床成本还原计算表

附表 8-26　　　　　　　　　铣床成本还原计算表

项　　目		还原前总成本	加工车间完工产品成本	第一次还原	铸造车间完工产品成本	第二次成本还原	还原后总成本
还原分配率			0.822 649 5			1.047 107 5	
自制半成品	铣床B	551 217.7		−551 217.7			0
	铣床A		385 107.76	316 808.71		−316 808.71	0
直接材料		83 559.76	104 956.49	86 342.40	102 049.33	106 856.62	276 758.78
直接人工		43 975.71	83 411.28	68 618.25	92 336.03	96 685.75	209 279.71
燃料动力		11 792.91	25 248.15	20 772.87	20 859.2	21 841.82	54 407.60
制造费用		49 000.19	71 328	58 675.47	87 311.5	91 424.51	199 100.18
合　　计		739 546.27	670 051.68	0	302 556.06	0	739 546.27

27. 刨床成本还原计算表

附表 8-27　　　　　　　　刨床成本还原计算表

项目		还原前总成本	加工车间完工产品成本	第一次还原	铸造车间完工产品成本	第二次成本还原	还原后总成本
还原分配率			1.163 652 7			1.727 053	
自制半成品	刨床 B	586 413.35		586 413.35			0
	刨床 A		239 046.90	278 167.57		278 167.57	0
直接材料		84 906.46	126 725.28	147 464.21	89 248.01	154 136.05	386 506.71
直接人工		57 152.06	62 314.95	72 512.96	34 016.60	58 748.47	188 413.49
燃料动力		14 776.62	20 244.45	23 557.51	12 151.64	20 986.16	59 320.65
制造费用		65 931.10	55 610.34	64 711.10	25 648.62	44 296.53	174 938.73
合　计		809 179.58	503 941.91	0.00	161 064.87	0.00	809 179.58

实训二　平行结转分步法答案

1. 铸造车间铣床成本计算表

附表 8-28　　　　　　　　铸造车间铣床成本计算表

摘　要		直接材料	直接人工	燃料动力	制造费用	合计
月初在产品成本		34 687	24 356	5 729	23 486	88 258
本月发生的生产费用		121 806	91 526.04	20 368	86 260.38	319 960.42
生产费用合计		156 493	115 882.04	26 097	109 746.38	408 218.42
最终产成品数量		110	110	110	110	
在产品约当产量	本步骤在产品约当数量	50	25	25	25	
	已交下步的未完工半成品	40	40	40	40	
	转入半成品的数量	10	10	10	10	
生产总量(分配标准)		210	185	185	185	
单位产成品成本份额(分配率)		745.204 8	626.389 4	141.064 9	593.223 7	
计入产成品成本的份额		81 972.53	68 902.83	15 517.14	65 254.61	231 647.11
广义月末在产品成本		74 520.47	46 979.21	10 579.86	44 491.77	176 571.31

注：铸造车间的材料是在生产开始时一次性投入的。

2. 加工车间铣床成本计算表

附表 8-29　　　　　　　　加工车间铣床成本计算表

摘　要	直接材料	直接人工	燃料动力	制造费用	合计
月初在产品成本	42 678	29 764	8 765	21 986	103 193
本月发生的生产费用	78 477	61 430.18	19 720	57 778.24	549 048.42
生产费用合计	121 155	91 194.18	28 485	79 764.24	652 241.42

(续表)

摘　　要		直接材料	直接人工	燃料动力	制造费用	合计
最终产成品数量		110	110	110	110	
在产品约当产量	本步骤在产品约当产量	10	10	10	10	
	已交下步的未完工半成品	20	20	20	20	
	转入半成品的数量	10	10	10	10	
生产总量(分配标准)		150	150	150	150	
单位产成品成本份额(分配率)		807.700 0	607.961 2	189.900 0	531.761 6	
计入产成品成本的份额		88 847.00	66 875.73	20 889.00	58 493.78	235 105.51
广义月末在产品成本		32 308.00	24 318.45	7 596.00	21 270.46	417 135.91

注:加工车间的材料是陆续投入的,且与加工进度基本一致。

3. 装配车间铣床成本计算表

附表 8-30　　　　　　　　　装配车间铣床成本计算表

摘　　要		直接材料	直接人工	燃料动力	制造费用	合计
月初在产品成本		4 739	2 689	786	3 012	11 226
本月发生的生产费用		86 769.1	45 517.5	12 180	50 894.76	195 361.36
生产费用合计		91 508.1	48 206.5	12 966	53 906.76	206 587.36
最终产成品数量		110	110	110	110	110
在产品约当产量	本步骤在产品约当数量	10	10	10	10	
	已交下步的未完工半成品	0	0	0	0	
	转入半成品的数量	0	0	0	0	
生产总量(分配标准)		120	120	120	120	
单位产成品成本份额(分配率)		762.567 5	401.720 8	108.050 0	449.223 0	
计入产成品成本的份额		83 882.43	44 189.29	11 885.50	49 414.53	189 371.75
广义月末在产品成本		7 625.68	4 017.21	1 080.50	4 492.23	17 215.61

注:装配车间的材料是陆续投入的,且与加工进度基本一致。

4. 铸造车间刨床成本计算表

附表 8-31　　　　　　　　　铸造车间刨床成本计算表

摘　　要		直接材料	直接人工	燃料动力	制造费用	合计
月初在产品成本		24 563	16 862	7 978	4 268	53 671
本月发生的生产费用		100 171.8	28 902.84	6 432	27 240.34	162 746.98
生产费用合计		124 734.8	45 764.84	14 410	31 508.34	216 417.98
最终产成品数量		120	120	120	120	
在产品约当产量	本步骤在产品约当数量	40	20	20	20	
	已交下步的未完工半成品	40	40	40	40	
	转入半成品的数量	0	0	0	0	

(续表)

摘要	直接材料	直接人工	燃料动力	制造费用	合计
生产总量(分配标准)	200	180	180	180	
单位产成品成本份额(分配率)	623.674 0	254.249 1	80.055 6	175.046 3	
计入产成品成本的份额	74 840.88	30 509.89	9 606.67	21 005.56	135 963.00
广义月末在产品成本	49 893.92	15 254.95	4 803.33	10 502.78	80 454.98

注:铸造车间材料在生产开始时一次性投入。

5. 加工车间刨床成本计算表

附表 8-32　　加工车间刨床成本计算表

摘要		直接材料	直接人工	燃料动力	制造费用	合计
月初在产品成本		45 628	22 896	9 865	12 560	90 949
本月发生的生产费用		97 899.3	46 976.14	15 080	44 183.16	398 557
生产费用合计		143 527.3	69 872.14	24 945	56 743.16	489 506
最终产成品数量		120	120	120	120	
在产品约当产量	本步骤在产品约当数量	10	10	10	10	
	已交下步的未完工半成品	20	20	20	20	
	转入半成品的数量	0	0	0	0	
生产总量(分配标准)		150	150	150	150	
单位产成品成本份额(分配率)		956.848 7	465.814 3	166.300 0	378.287 7	
计入产成品成本的份额		114 821.84	55 897.72	19 956.00	45 394.52	236 070.08
广义月末在产品成本		28 705.46	13 974.42	4 989.00	11 348.64	59 017.52

注:材料陆续投入,与加工进度基本一致。

6. 装配车间刨床成本计算表

附表 8-33　　装配车间刨床成本计算表

摘要		直接材料	直接人工	燃料动力	制造费用	合计
月初在产品成本		32 897	21 678	6 528	22 868	83 971
本月发生的生产费用		60 196	41 182.74	11 020	46 047.36	622 409
生产费用合计		93 093	62 860.74	17 548	68 915.36	706 380
最终产成品数量		120	120	120	120	
在产品约当产量	本步骤在产品约当数量	10	10	10	10	
	已交下步的未完工半成品	0	0	0	0	
	转入半成品的数量	0	0	0	0	
生产总量(分配标准)		130	130	130	130	
单位产成品成本份额(分配率)		716.100 0	483.544 2	134.984 6	530.118 2	
计入产成品成本的份额		85 932.00	58 025.30	16 198.15	63 614.18	223 769.64
广义月末在产品成本		7 161.00	4 835.44	1 349.85	5 301.18	18 647.46

注:装配车间材料陆续投入,与加工进度基本一致。

7. 铣床完工产品成本汇总表

附表 8-34　　　　　　　　　铣床完工产品成本汇总表

项目	直接材料	直接人工	燃料动力	制造费用	合计
铸造车间转入的完工产品份额	81 972.53	68 902.83	15 517.14	65 254.61	231 647.11
加工车间转入的完工产品份额	88 847.00	66 875.73	20 889.00	58 493.78	235 105.51
装配车间转入的完工产品份额	83 882.43	44 189.29	11 885.50	49 414.53	189 371.74
合计	254 701.96	179 967.85	48 291.64	173 162.92	656 124.36

8. 刨床完工产品成本汇总表

附表 8-35　　　　　　　　　刨床完工产品成本汇总表

项目	直接材料	直接人工	燃料动力	制造费用	合计
铸造车间转入的完工产品份额	74 840.88	30 509.89	9 606.67	21 005.56	135 963.00
加工车间转入的完工产品份额	114 821.84	55 897.72	19 956.00	45 394.52	236 070.08
装配车间转入的完工产品份额	85 932.00	58 025.30	16 198.15	63 614.18	223 769.64
合计	275 594.72	144 432.91	45 760.82	130 014.25	595 802.72

第九章　产品成本计算的辅助方法

实训一　定　额　法

1. 甲产品定额成本计算表

附表 9-1　　　　　　　　　甲产品定额成本计算表

项目	直接材料				工时定额	直接人工		制造费用		定额成本合计
	材料名称	数量定额	计划单价	定额成本		计划单价	定额成本	计划单价	定额成本	
一车间	钢板	9.5	4	38	3.5	4	14	3	10.5	62.5
二车间					4.6	4	18.4	3	13.8	32.2
装配车间	螺母螺钉	4	1	4						
	支架	1	40	40						
	小计			44	1.8	4	7.2	3	5.4	56.6
合计				82	9.9		39.6		29.7	151.3

2. 月初在产品定额变动差异计算表

附表 9-2　　　　　　　　月初在产品定额变动差异计算表

车间	单位产品材料定额		单位产品工时定额		材料定额变动系数	工时定额变动系数	直接材料		直接人工		制造费用	
	新定额	旧定额	新定额	旧定额			定额成本	变动差异	定额成本	变动差异	定额成本	变动差异
一车间	38	40	3.5	4	0.95	0.875	150	7.5	240	30	160	20
二车间			4.6	5		0.92			300	24	260	20.8

(续表)

车间	单位产品材料定额		单位产品工时定额		材料定额变动系数	工时定额变动系数	直接材料		直接人工		制造费用	
	新定额	旧定额	新定额	旧定额			定额成本	变动差异	定额成本	变动差异	定额成本	变动差异
装配车间	44	44	1.8	2	1	0.9	120	0	250	25	220	22
合计							270	7.5	790	79	640	62.8

定额变动差异＝月初在产品定额成本×(1－定额变动系数)

3. 材料定额成本及其脱离定额差异计算表

附表9-3　　　　　　　材料定额成本及其脱离定额差异计算表

车间	材料	计划单价	定额		脱离定额		实际	
			数量	金额	数量	金额	数量	金额
一车间	钢板	4	1 800	7 200	100	400	1 900	7 600
装配车间	螺钉螺母	1	800	800		0	800	800
	支架	40	200	8 000	20	800	220	8 800
	小计			8 800		800		9 600
合计				16 000		1 200		17 200

4. 直接人工定额成本及其脱离定额差异计算表

附表9-4　　　　　　　直接人工定额成本及其脱离定额差异计算表

车间	工时				定额小时工资率	定额工资费用	实际工资费用	脱离定额差异
	工时定额	投入量	定额	实际				
一车间	3.5	200	700	720	4	2 800	2 820	20
二车间	4.6	200	920	900	4	3 680	3 690	10
装配车间	1.8	200	360	380	4	1 440	1 420	−20
合计			1 980	2 000		7 920	7 930	10

5. 制造费用定额成本及其脱离定额差异计算表

附表9-5　　　　　　　制造费用定额成本及其脱离定额差异计算表

车间	工时				定额小时费用率	定额制造费用	实际制造费用	脱离定额差异
	工时定额	投入量	定额	实际				
一车间	3.5	200	700	720	3	2 100	2 160	60
二车间	4.6	200	920	900	3	2 760	2 800	40
装配车间	1.8	200	360	380	3	1 080	1 100	20
合计			1 980	2 000		5 940	6 060	120

6. 一车间成本计算表

附表9-6　　　　　　　　　　一车间成本计算表

项目		行次	直接材料	直接人工	制造费用	合计
月初在产品	定额成本	1	150	240	160	550
	脱离定额差异	2	10	12	—10	12
	定额成本调整	3＝—(4)	—7.5	—30	—20	—57.5
	定额变动差异	4	7.5	30	20	57.5
本月生产费用	定额成本	5	7 200	2 800	2 100	12 100
	脱离定额差异	6	400	20	60	480
	材料成本差异	7＝(5＋6)×2‰	152			152
生产成本合计	定额成本	8＝1＋3＋5	7 342.5	3 010	2 240	12 592.5
	脱离定额差异	9＝2＋6	410	32	50	492
	材料成本差异	10＝7	152			152
	定额变动差异	11＝4	7.5	30	20	57.5
脱离定额差异分配率		12＝9÷8	5.58％	1.06％	2.23％	
产成品成本	定额成本	13	6 080	2 240	1 680	10 000
	脱离定额差异	14＝13×12	339.26	23.74	37.46	400.47
	材料成本差异	15＝7	152			152
	定额变动差异	16＝11	7.5	30	20	57.5
	实际成本	17＝13＋14＋15＋16	6 578.76	2 293.74	1 737.46	10 609.972
月末在产品成本	实际成本	18＝8—13	1 262.5	770	560	2 592.5
	脱离定额差异	19＝9—14	70.74	8.26	12.54	91.53

本月完工产品直接材料的定额成本＝160×38＝6 080(元)
本月完工产品直接人工的定额成本＝160×3.5×4＝2 240(元)
本月完工产品制造费用的定额成本＝160×3.5×3＝1 680(元)
本月材料成本差异＝(7 200＋400)×2‰＝152(元)

7．二车间成本计算表

附表9-7　　　　　　　　　　二车间成本计算表

项目		行次	直接材料	直接人工	制造费用	合计
月初在产品	定额成本	1		300	260	560
	脱离定额差异	2		—8	—6	—14
	定额成本调整	3＝—(4)		—24	—20.8	—44.8
	定额变动差异	4		24	20.8	44.8
本月生产费用	定额成本	5		3 680	2 760	6 440
	脱离定额差异	6		10	40	50
	材料成本差异	7＝(5＋6)×2‰				

（续表）

项　目		行　次	直接材料	直接人工	制造费用	合　计
生产成本合计	定额成本	8＝1＋3＋5		3 956	2 999.2	6 955.2
	脱离定额差异	9＝2＋6		2	34	36
	材料成本差异	10＝7				0
	定额变动差异	11＝4		24	20.8	44.8
脱离定额差异分配率		12＝9÷8		0.05%	1.13%	
产成品成本	定额成本	13		2 944	2 208	5 152
	脱离定额差异	14＝13×12		1.47	24.95	26.42
	材料成本差异	15＝7				
	定额变动差异	16＝11		24	20.8	44.8
	实际成本	17＝13＋14＋15＋16		2 969.47	2 253.75	5 223.22
月末在产品成本	实际成本	18＝8－13		1 012	791.2	1 803.2
	脱离定额差异	19＝9－14		0.53	9.05	9.58

本月完工产品直接人工的定额成本＝160×4.6×4＝2 944（元）
本月完工产品制造费用的定额成本＝160×4.6×3＝2 208（元）

8. 装配车间成本计算表

附表 9-8　　　　　　装配车间成本计算表

项　目		行　次	直接材料	直接人工	制造费用	合　计
月初在产品	定额成本	1	120	250	220	590
	脱离定额差异	2	20	10	8	38
	定额成本调整	3＝－(4)		－25	－22	－47
	定额变动差异	4		25	22	47
本月生产费用	定额成本	5	8 800	1 440	1 080	11 320
	脱离定额差异	6	800	－20	20	800
	材料成本差异	7＝(5＋6)×(－2%)	－192			－192
生产成本合计	定额成本	8＝1＋3＋5	8 920	1 665	1 278	11 863
	脱离定额差异	9＝2＋6	820	－10	28	838
	材料成本差异	10＝7	－192			－192
	定额变动差异	11＝4	0	25	22	47
脱离定额差异分配率		12＝9÷8	9.19%	－0.60%	2.19%	
产成品成本	定额成本	13	7 040	1 152	864	9 056
	脱离定额差异	14＝13×12	646.98	－6.91	18.92	658.99
	材料成本差异	15＝7	－192			－192
	定额变动差异	16＝11	0	25	22	47
	实际成本	17＝13＋14＋15＋16	7 494.98	1 170.09	904.92	9 569.99
月末在产品成本	实际成本	18＝8－13	1 880	513	414	2 807
	脱离定额差异	19＝9－14	173.02	－3.09	9.08	179.01

本月完工产品直接材料的定额成本＝160×44＝7 040(元)
本月完工产品直接人工的定额成本＝160×1.8×4＝1 152(元)
本月完工产品制造费用的定额成本＝160×1.8×3＝864(元)
本月材料成本差异＝(8 800＋800)×(－2％)＝－192(元)

9. 甲产品完工产品成本汇总表

附表 9-9　　　　　　　　　甲产品完工产品成本汇总表

项　目	一车间	二车间	装配车间	合　计
直接材料	6 578.76		7 878.98	14 457.74
直接人工	2 293.74	2 969.47	1 170.09	6 433.30
制造费用	1 737.46	2 253.75	904.92	4 896.14
合　计	10 609.97	5 223.22	9 953.99	25 787.18

实训二　分　类　法

1. 材料分配表

附表 9-10　　　　　　　　　材料分配表

应借账户		本期投产量	单位产品定额	定额材料费	分配率	材料费用合计
基本生产成本	牡丹花图案围巾	500	58	29 000		29 870.00
	菊花图案围巾	460	51	23 460		24 163.80
	山茶花图案围巾	570	52	29 640		30 529.20
	小计			82 100	1.030 0	84 563.00
	制造费用					560.00
辅助生产成本	供汽车间					680.00
	小计					680.00
管理费用						260.00
合计						86 063.00

分录：

借：基本生产成本——牡丹花图案围巾　　　　　　　　　　　　　　29 870.00
　　　　　　　　——菊花图案围巾　　　　　　　　　　　　　　　　24 163.80
　　　　　　　　——山茶花图案围巾　　　　　　　　　　　　　　　30 529.20
　　辅助生产成本——供汽车间　　　　　　　　　　　　　　　　　　　680.00
　　制造费用　　　　　　　　　　　　　　　　　　　　　　　　　　　560.00
　　管理费用　　　　　　　　　　　　　　　　　　　　　　　　　　　260.00
　贷：原材料　　　　　　　　　　　　　　　　　　　　　　　　　　86 063.00

2. 职工薪酬分配表

附表 9-11　　　　　　　　　　职工薪酬分配表

应借账户		生产工时	分配率	工资金额	职工福利 （14%）	
基本生产成本	牡丹花图案围巾	2 000		6 661.6	932.62	7 594.22
	菊花图案围巾	1 800		5 995.44	839.36	6 834.80
	山茶花图案围巾	2 500		8 326.96	1 165.77	9 492.73
	小计	6 300	3.330 8	20 984	2 937.76	23 921.76
制造费用				4 502	630.28	5 132.28
辅助生产成本	供汽车间			5 946	832.44	6 778.44
	小计			5 946	832.44	6 778.44
管理费用				4 642	649.88	5 291.88
合计				36 074	5 050.36	41 124.36

分录：

借：基本生产成本——牡丹花图案围巾　　　　　　　　　　　　7 594.22
　　　　　　　　——菊花图案围巾　　　　　　　　　　　　　　6 834.80
　　　　　　　　——山茶花图案围巾　　　　　　　　　　　　　9 492.73
　　辅助生产成本——供汽车间　　　　　　　　　　　　　　　　6 778.44
　　制造费用　　　　　　　　　　　　　　　　　　　　　　　　5 132.28
　　管理费用　　　　　　　　　　　　　　　　　　　　　　　　5 291.88
　　贷：应付职工薪酬——工资　　　　　　　　　　　　　　　　36 074.00
　　　　　　　　　　——职工福利　　　　　　　　　　　　　　 5 050.36

3. 动力费用分配表

附表 9-12　　　　　　　　　　动力费用分配表

应借账户		单价（元/度）	用电量	分配费用
制造费用	基本生产车间		2 500	2 000
辅助生产成本	供汽车间		3 000	2 400
管理费用			1 500	1 200
合计		0.8	7 000	5 600

借：制造费用　　　　　　　　　　　　　　　　　　　　　　　　2 000
　　辅助生产成本——供汽车间　　　　　　　　　　　　　　　　2 400
　　管理费用　　　　　　　　　　　　　　　　　　　　　　　　1 200
　　应交税费——应交增值税（进项税额）　　　　　　　　　　　　952
　　贷：银行存款　　　　　　　　　　　　　　　　　　　　　　6 552

4. 水费分配表

附表 9-13　　　　　　　　　水费分配表

应借账户		单价(元/吨)	用水量	分配费用
制造费用	基本生产车间		300	1 200
辅助生产成本	供汽车间		800	3 200
	管理费用		200	800
合计		4	1 300	5 200

　　借：制造费用　　　　　　　　　　　　　　　　　　　　　1 200
　　　　辅助生产成本——供汽车间　　　　　　　　　　　　　3 200
　　　　管理费用　　　　　　　　　　　　　　　　　　　　　　800
　　　　应交税费——应交增值税(进项税额)　　　　　　　　　　312
　　　贷：银行存款　　　　　　　　　　　　　　　　　　　　5 512

5. 折旧计算表和其他费用分配

附表 9-14　　　　　　　　　折旧计算表

| 部　门 | 资产类型 | 折旧率 | 资产类型 | 折旧率 | 合计 |
| | 房屋建筑物 | 0.30% | 机器设备 | 0.80% | |
	原值	月折旧额	原值	月折旧额	
基本生产车间	200 000.00	600	105 500.00	844	1 444
辅助生产车间	250 000.00	750	95 000.00	760	1 510
行政管理部门	200 000.00	600	20 000.00	160	760
合　计	650 000.00	1 950	220 500.00	1 764	3 714

1) 借：制造费用　　　　　　　　　　　　　　　　　　　　　1 444
　　　辅助生产成本——供汽车间　　　　　　　　　　　　　1 510
　　　管理费用　　　　　　　　　　　　　　　　　　　　　　760
　　贷：累计折旧　　　　　　　　　　　　　　　　　　　　3 714

2) 分配其他费用的会计分录。
借：制造费用　　　　　　　　　　　　　　　　　　　　　4 190.00
　　辅助生产成本——供汽车间　　　　　　　　　　　　　3 740.00
　　管理费用　　　　　　　　　　　　　　　　　　　　　4 700.00
　　贷：银行存款　　　　　　　　　　　　　　　　　　　12 630.00

6. 辅助生产成本明细账——供汽车间

附表 9-15　　　　　　　辅助生产成本明细账——供汽车间

| 20×× 年 | | 凭证 | | 摘　要 | 借方金额分析 | | | | | 借方合计 | 贷方 | 余额 |
月	日	字	号		原材料	工资费用	折旧费	其他费用	水费	电费			
5	31			材料分配表	680						680		680
				薪酬分配表		6 778.4					6 778.44		7 458.44

(续表)

20××年		凭证字号	摘要	借方金额分析						借方合计	贷方	余额
月	日			原材料	工资费用	折旧费	其他费用	水费	电费			
			水费分配表					3 200		3 200		10 658.44
			电费分配表						2 400	2 400		13 058.44
			折旧分配表			1 510				1 510		14 568.44
			其他费用分配表				3 740			3 740		18 308.44
			辅助生产费用分配表								18 308.44	
			合计	680	6 778.4	1 510	3 740	3 200	2 400	18 308.44	18 308.44	0

7. 辅助生产费用分配表

附表 9-16　　　　　　　　　辅助生产费用分配表

应借账户		用汽量	分配率	分配费用
制造费用	基本生产车间	5 000		4 577
管理费用		15 000		13 731.44
合　计		20 000	0.915 4	18 308.44

借：制造费用　　　　　　　　　　　　　　　　　　　4 577.00
　　管理费用　　　　　　　　　　　　　　　　　　　13 731.44
　　贷：辅助生产成本　　　　　　　　　　　　　　　18 308.44

8. 制造费用明细账

附表 9-17　　　　　　　　　制造费用明细账

20××年		凭证字号	摘要	借方金额分析						借方合计	贷方	余额
月	日			原材料	工资费用	折旧费	其他费用	水费	电费			
5	31		材料分配表	560						560		560
			薪酬分配表		5 132.28					5 132.28		5 692.28
			水费分配表					1 200		1 200		6 892.28
			电费分配表						2 000	2 000		8 892.28
			折旧分配表			1 444				1 444		10 336.28
			其他费用分配表				4 190			4 190		14 526.28
			辅助生产费用分配表				4 577			4 577		19 103.28
			制造费用分配表								19 103.28	
			合计	560	5 132.28	1 444	8 767	1 200	2 000	19 103.28	19 103.28	0

9. 制造费用分配表

附表 9-18 制造费用分配表

车间名称	产品名称	工时定额	分配率	分配金额
基本生产成本	牡丹花图案围巾	2 000		6 064.60
	菊花图案围巾	1 800		5 458.14
	山茶花图案围巾	2 500		7 580.54
合 计		6 300	3.032 3	19 103.28

借：基本生产成本——牡丹花图案围巾　　　　6 064.60
　　　　　　　　　——菊花图案围巾　　　　　5 458.14
　　　　　　　　　——山茶花图案围巾　　　　7 580.54
　　贷：制造费用　　　　　　　　　　　　　19 103.28

10. 牡丹花图案围巾成本表

附表 9-19 牡丹花图案围巾成本表

项　目	直接材料	直接人工	制造费用	合　计
月初在产品费用	7 623.00	1 346.00	1 360.00	10 329.00
本月生产费用	29 870.00	7 594.22	6 064.60	43 528.82
费用合计	37 493.00	8 940.22	7 424.60	53 857.82
完工产品成本	29 870.00	7 594.22	6 064.60	43 528.82
月末在产品成本	7 623.00	1 346.00	1 360.00	10 329.00

11. 菊花图案围巾成本表

附表 9-20 菊花图案围巾成本表

项　目	直接材料	直接人工	制造费用	合　计
月初在产品费用	6 458.00	1 686.00	1 148.00	9 292.00
本月生产费用	24 163.80	6 834.80	5 458.14	36 456.74
费用合计	30 621.80	8 520.80	6 606.14	45 748.74
完工产品成本	24 163.80	6 834.80	5 458.14	36 456.74
月末在产品成本	6 458.00	1 686.00	1 148.00	9 292.00

12. 山茶花图案围巾成本表

附表 9-21 山茶花图案围巾成本表

项　目	直接材料	直接人工	制造费用	合　计
月初在产品费用	12 348.00	3 648.00	2 520.00	18 516.00
本月生产费用	30 529.20	9 492.73	7 580.54	47 602.47
费用合计	42 877.20	13 140.73	10 100.54	66 118.47
完工产品成本	30 529.20	9 492.73	7 580.54	47 602.47
月末在产品成本	12 348.00	3 648.00	2 520.00	18 516.00

借：库存商品——牡丹花图案围巾	43 528.82
——菊花图案围巾	36 456.74
——山茶花图案围巾	47 602.47
贷：基本生产成本——牡丹花图案围巾	43 528.82
——菊花图案围巾	56 456.74
——山茶花图案围巾	47 602.47

13. 牡丹图案各产品成本明细表

附表 9-22　　　　牡丹图案各产品成本明细表

项目	产量	单位系数	总系数	分配率	总成本	单位成本
1#	85	0.937 5	79.687 5		6 574.96	77.35
2#	90	0.975	87.75		7 240.19	80.45
3#	75	1	75		6 188.20	82.51
4#	90	1.062 5	95.625		7 889.95	87.67
5#	84	1.125	94.5		7 797.13	92.82
6#	80	1.187 5	95		7 838.39	97.98
合计	504		527.562 5	82.509 3	43 528.82	

14. 菊花图案各产品成本明细表

附表 9-23　　　　菊花图案各产品成本明细表

项目	产量	单位系数	总系数	分配率	总成本	单位成本
1#	65	0.937 5	60.937 5		4 554.18	70.06
2#	70	0.975	68.25		5 100.68	72.87
3#	75	1	75		5 605.14	74.74
4#	80	1.062 5	85		6 352.49	79.41
5#	90	1.125	101.25		7 566.94	84.08
6#	82	1.187 5	97.375		7 277.32	88.75
合计	462		487.812 5	74.735 2	36 456.74	

15. 山茶花图案各产品成本明细表

附表 9-24　　　　山茶花图案各产品成本明细表

项目	产量	单位系数	总系数	分配率	总成本	单位成本
1#	85	0.937 5	79.687 5		6 283.58	73.92
2#	85	0.975	82.875		6 534.93	76.88
3#	90	1	90		7 096.75	78.85
4#	100	1.062 5	106.25		8 378.11	83.78
5#	110	1.125	123.75		9 758.03	88.71
6#	102	1.187 5	121.125		9 551.07	93.64
合计	572		603.687 5	78.852 8	47 602.47	

第十章 成本报表编制与分析

1. 商品产品成本报表

附表 10-1　　　　　　　　　　商品产品成本报表

产品名称	单位	实际产量		单位成本				本月总成本			本年总成本		
		本月	本年	上年	计划	本月实际	本年实际	按上年	按计划	本月实际	按上年	按计划	本年实际
可比产品合计								37 610	37 974	37 386	438 490	442 074	440 540
小浣熊玩偶	个	200	2 200	91	94	86.5	87.95	18 140	18 834	17 300	199 540	207 174	193 490
小狐狸玩偶	个	220	2 700	89	87	91.3	91.5	19 470	19 140	20 086	238 950	234 900	247 050
不可比产品合计		85	1 200						3 995	4 225		56 400	62 040
小兔子玩偶	个	85	1 200		47	49.7	51.7		3 995	4 225		56 400	62 040
产品成本合计	个								41 969	41 611		498 474	502 580

2. 可比产品成本变动表

附表 10-2　　　　　　　　　　可比产品成本变动表

产品名称			小浣熊玩偶	小狐狸玩偶	合计
产量	计划	(1)	2 000	2 800	
	实际	(2)	2 200	2 700	
单位成本	上年	(3)	90.70	88.50	
	计划	(4)	94.17	87.00	
	实际	(5)	87.95	91.50	
按计划产量计算总成本	按上年	(6)=(1)×(3)	181 400.00	247 800.00	429 200.00
	按计划	(7)=(1)×(4)	188 340.00	243 600.00	431 940.00
	按实际	(8)=(1)×(5)	175 900.00	256 200.00	432 100.00
按实际产量计算总成本	按上年	(9)=(2)×(3)	199 540.00	238 950.00	438 490.00
	按计划	(10)=(2)×(4)	207 174.00	234 900.00	442 074.00
	按实际	(11)=(2)×(5)	193 490.00	247 050.00	440 540.00
计划降低	降低额	(12)=(7)−(6)	6 940.00	−4 200.00	2 740.00
	降低率	(13)=(12)÷(6)	0.038 3	−0.016 9	0.006 4
实际降低	降低额	(14)=(11)−(9)	−6 050.00	8 100.00	2 050.00
	降低率	(15)=(14)÷(9)	−0.030 3	0.033 9	0.004 7

3. 小浣熊单位成本变动分析表

附表 10-3　　　　　　　　小浣熊单位成本变动分析表

成本项目	单位成本			变动额	
	上年实际平均	本年计划	本年实际平均	对上年	对计划
	(1)	(2)	(3)	(4)＝(3)－(1)	(5)＝(3)－(2)
直接材料	20.1	19.04	18.35	－1.75	－0.69
直接人工	40.2	41.8	40.2	0	－1.6
制造费用	30.4	33.33	29.4	－1	－3.93
合计	90.7	94.17	87.95	－2.75	－6.22

4. 小浣熊材料分析表

附表 10-4　　　　　　　　小浣熊材料分析表

直接材料	单位	实际数			计划数			差额		
		消耗数量	单价	金额	消耗数量	单价	金额	量差	价差	合计
毛绒布	米	0.31	20	6.2	0.32	19	6.08	－0.19	0.31	0.12
涤纶棉	千克	0.81	15	12.15	0.9	14.4	12.96	1.296	0.486	0.81
合计				18.35			19.04			

　　毛绒布金额差异＝6.2－6.08＝0.12(元)
　　毛绒布量差＝(0.31－0.32)×19＝ －0.19(元)
　　毛绒布价差＝0.31×(20－19)＝0.31(元)

　　涤纶棉金额差异＝12.15－12.96＝0.81(元)
　　涤纶棉量差＝(0.81－0.9)×14.4＝ －1.296(元)
　　涤纶棉价差＝0.81×(15－14.4)＝0.486(元)

5. 小浣熊人工费用分析表

附表 10-5　　　　　　　　小浣熊人工费用分析表

项　　目	实际数	计划数	差异
单位产品生产工时(小时)	10	11	－1
小时工资率(元)	4.02	3.8	0.22
单位产品工资费用(元)	40.2	41.8	－1.6
分析计算：	计算过程		
量差	(10－11)×3.8		－3.8
价差	(4.02－3.8)×10		2.2
合计			－1.6

6. 小浣熊制造费用分析表

附表 10-6　　　　　　　　　　小浣熊制造费用分析表

项　　目	实际数	计划数	差异
单位产品生产工时(小时)	10	11	－1
小时制造费用率(元)	2.94	3.03	－0.09
单位产品制造费用(元)	29.4	33.33	－3.93
分析计算：	计算过程		
量差	(10－11)×3.03		－3.03
价差	(2.94－3.03)×10		－0.9
合计			－3.93

参考文献

[1] 江西和,向有才. 成本会计教程与案例[M]. 上海:立信会计出版社,2010.
[2] 潘琴,李学东. 成本会计实验教程[M]. 北京:经济科学出版社,2008.
[3] 林志宏. 成本会计[M]. 成都:西南财经大学出版社,2010.
[4] 于富生,王俊生,黎文珠. 成本会计学[M]. 北京:中国人民大学出版社,2006.